はじめての
ゴルフ
Rules of Golf
ルール

小山 混

主婦の友社

ゴルフって どんな スポーツ?

ゴルフの起源は諸説ありますが、14世紀のスコットランドが発祥ともいわれ、当時からマナーとルールを重んじるゲームでした。また、審判がいないスポーツなので、ケースバイケースでこまかくルールが定められています。おもな特徴をまとめました。

1つのボールを打ち続ける

ゴルフは、第1打からゴールの穴（ホール）に入れるまで、1つのボールを使ってプレーします。同じボールを打ち続けるのがルールなので、ボールをなくす「紛失球」や、間違ってだれかのボールを打つ「誤球」にはペナルティが科されます。（➡P58、101、106）

止まっているボールを打つ

ゴルフは止まっているボールを打ち、ホールに入れるまでに何回少なく打ったかで競うゲームです。ほかの多くの球技は動いているボールを打つので、ちょっと変わったスポーツともいえます。

全部で18の穴にボールを入れる

コースには18のホールがあり、これらを4時間ほどで回ってプレーします（ラウンド）。前半の1〜9番ホールを「アウト」、後半の10〜18番ホールを「イン」と呼びます。各ホールには基準の打数が定められていて、18ホールで合計72打というのが基準打数です。

打数は自分で数え、記録する

4人1組でラウンドします。スタート後はホールから遠いボールの人から順番に打っていきます（遠球先打）。ひとりが打つのをほかの3人がずっと見ているわけではなく審判がいないので、打った数は自分で数え、カードに記録します。つまり、審判は自分自身なのです。

距離と目的に合ったクラブで打つ

使う道具＝クラブは、ドライバー、アイアン、パターなど、全部で14本。クラブによって、大きさやフェース（ボールを当てる面）の角度が異なっています。はじめは大きいクラブで長い距離を打ち、最後の短い距離はパターでホールに沈めます。

困ったときに救済ルールがある

ラウンド中、下のイラストのように、ボールが砂に埋まったり、林の中に入ったり、崖下に落ちてしまうなど、さまざまなトラブルが発生します。そんなとき、「アンプレヤブル＝プレー不能」というルールがあり、1打の罰を受ければ元の場所に戻って打ち直すことができます。こんな救済ルールがあるのも、ゴルフならではの特徴です。（➡P52〜53）

ゴルフの世界にようこそ！ 美しいグリーンの芝生を歩き、友人たちとゴルフや会話を楽しみ、少し厳しい練習とグッドショットの喜びを味わえる、そしてあなたに豊穣の人生をもたらすスポーツの始まりです。本書は、ビギナーがこれだけは知っておきたい142ルールを厳選し、イラストつきでやさしく解説するゴルフルールの虎の巻です。最新のゴルフルールを身につけて、Let's enjoy golfing！

小山 混

ルールの
ここが
変わった！

2023年ゴルフ規則改訂の
おもな変更点

ゴルフ規則が4年ぶりに改訂されました。ゴルフルールに激震を与えた2019年規則大改正のバージョンアップで、多くの変更点があります。2023年改訂のおもなプレー規則の変更点をまとめたので、イラストつきの本文解説と合わせてご覧ください。

複数の違反に対する罰の適用

プレーヤーが同じまたは異なる規則に複数回違反した場合、罰の重複を避け、「介在する出来事＝①ストロークの終了、または、②違反に気がついたとき」の2つの区切りの中で判断します。➡P68、117

間違ったハンディキャップを記入しても罰はない

プレーヤーはスコアカードにハンディキャップを記入しなくてもOK。仮に間違ったハンディキャップを記入してもプレーヤーに責任はなく罰はありません。ハンディキャップは委員会が算出して決めます。
➡P32〜33、35

損傷したクラブをとりかえられる

ラウンド中に損傷したクラブは、プレーヤーが乱暴に扱ったのでなければ、別のクラブに交換や修理ができます。

またイラストの、ついカッとなってシャフトを折り曲げてしまったクラブは、スタート時に「適合クラブ」であれば、曲がったままでも修理して使ってもOKですが、交換はできません。

使えた

クラブ性能を変えると失格

ラウンド中にクラブの性能を変えたり、外部付属物をつけることはできません。クラブフェースに印をつけたり、クラブヘッドに方向を示すシールを貼ると失格に。プレー前にとり除けば罰はありません。 ➡P20

ボール探しの3分間にプラス1分

ボール探しは3分間ですが、3分以内に離れたところでボールが見つかった場合、ボールの確認に向かうのにプラス1分が認められました。 ➡P58〜60

プレーの線を示すために物を置いてはならない

プレーの線（P141）を示すために物を置くことは、コース上の全エリアで禁止されました。方向を示すためにクラブや物を目標に向けて置くと、置いた瞬間に違反が発生し2罰打を受けます。 ➡P119、147、150

間違ってとりかえたボールでプレー

ボールのとりかえが認められていないのに、とりかえたボールでプレーすると2罰打→1罰打に軽減されました。グリーン上で拾い上げたボールは交換できません。 ➡P144

再プレーは必ずすること

再プレーの状況で、再プレーをしなかった場合は一般の罰（2罰打→P65）を受けます。 ➡P7、156

自然の力で動いたボールが他のエリアやOBに入る

ドロップやリプレースして止まっているボールが、自然の力で動かされ「他のエリアやOB」に入った場合は、無罰でリプレースできるようになりました。同じエリアで動いた場合はそのままプレーです。 ➡P20

後方線上の救済エリアが円内になった

アンプレヤブルやペナルティエリアで後方線上の救済を受ける場合、ホールとボールを結んだ後方線上にドロップし、1クラブレングスの円内にボールが止まっていれば救済完了となります。
➡P96〜99、125〜126、128〜130

バンカーの土壁にくい込んだボール

救済は？

ジェネラルエリアで地面にくい込んだボールは救済されますが、バンカーの土壁など、ボールの直後にジェネラルエリアがない場合でもホールに近づかない直近のジェネラルエリアに基点が決められるようになりました。
➡P118

拾い上げたボールを拭くと1罰打

だれかのプレーの障害になる、という理由で拾い上げたボールは拭くことができません。「きれいに拭く」と1罰打を受けるので、ボールは握らず指先でつまんでおきます。 ➡P68

変えられたライの復元

変えられたライを復元しなければならない状況で、これを怠ってプレーすると「一般の罰」（P65）を受けます。 ➡P123

パットしたボールが虫に当たってもそのままプレー

グリーン上で打ったボールが偶然、「虫とプレーヤー本人」に当たった場合はそのままプレーに変わりました。そのほかの人やだれかのクラブ、動物に当たると再プレーです。 ➡P156

キャディーが背後に立つエリアの制限

プレーヤーがストロークする前にキャディーが背後に立つ「制限エリア」が明確化されました。キャディーが背後に立っていても、プレーヤーがスタンスをいったんはずし、キャディーがその場を離れ、スタンスをとり直せば罰はありません。 ➡P151

グリーンリーディング資料の使用に制限がついた

グリーンリーディング資料とは、プレーヤーがグリーンの傾斜やラインを読むアンチョコですが、これのサイズや縮尺、デジタルデータの使用に制限が設けられ明確化されました。 ➡P55

障がいのあるゴルファーの規則25

障がいのあるゴルファーの参加を歓迎するためのプレーの規則25は、すべての競技に適用されることになりました。 ➡JGA (www.jga.or.jp)

● 本書はゴルフ規則における「ストロークプレー」のルールを解説したものです。

2019年 規則の 再確認

2023年の改訂は、2019年の大改正ルールを反映しつつさらに進化させたものです。大元になる規則の骨子を再確認しておきましょう。

●ドロップの方法がヒザの高さからに変わりました。 ➡P80〜95

●2点間の距離を計測する距離計測機器の使用が公式に認められました。 ➡P54

●ボールを探す時間が、5分から3分間に短縮されました。 ➡P58〜60

●ボールの確認や捜索中に偶然ボールを動かしても罰なし。 ➡P62〜63、113、133

●OBの白杭は動かせないが、動かしてもプレー前に戻せば罰なし。 ➡P78

●打ったボールが偶然に自分やカートに当たった罰がなくなりました。 ➡P72〜74

●2度打ちの罰がなくなりました。 ➡P100

●バンカー内の落ち葉や小石をとり除けるようになりました。 ➡P110〜111、113

●ペナルティエリアの地面にソールできます。／落ち葉を払ったり水面に触れられるようになりました。 ➡P134〜135

●グリーン上のスパイクの傷跡や凸凹がプレー前に修理できます。／ボールを偶然動かしても罰なし。 ➡P140〜143

●旗竿を立てたままパットできます。 ➡P152〜153／ボールが旗竿に当たっても罰なし。 ➡P156

●キャディーはいつでもボールの拾い上げOK。 ➡P145／スタンスをとる際の援助に制限がつきました。 ➡P151

●地面にくい込んだボールの救済がラフでも認められました。 ➡P98〜99、118

●OBや紛失球のとき、2罰打でフェアウェイからプレーできる「前進4打的」ローカルルールが認められました。 ➡P58〜60、74、106

CONTENTS

はじめての **ゴルフルール**

NEW▶ 2023年改訂関連ルール
NEW▶ 2019年改正ルール
Rule Check The Ruleコラム

ゴルフってどんなスポーツ？ …………………………………… 2
NEW▶ 2023年改訂・ルールのここが変わった！ ………………… 4
2019年規則の再確認 …………………………………… 8
コースエリアの名称 …………………………………… 16
ゴルフコースの名称 …………………………………… 18
NEW▶ ルール事件帳 …………………………………… 20

PART ① **エチケット** ------- 21

コースでのエチケット＆マナー 10 ………………… 22
セルフプレーのカートのマナー ………………………… 26
コンペに出るときの心得10 ………………………… 28
① 打数の過少申告 ………………………………… 32
NEW▶ ② 署名をしないで提出した ………………… 33
NEW▶ ③ 計算間違いして１打少ない合計スコアで提出した … 33
Rule スコアカードの記録と確認と提出 ………… 33
NEW▶ スコアカードのつけ方 ………………………… 34
Rule 打数の呼び方 ………………………………… 35
プレーヤーの心得 ………………………………… 36

PART ② **ティーイングエリア** ------- 37

④ ティーショットをうっかりティーイングエリア外から打った ……… 38
NEW▶ ⑤ 打順を間違えて打ったボールがOBになった ………………… 39
⑥ プレー前の仲間に、使うクラブの番手を聞いた ………………… 40
NEW▶ ⑦ 仲間に池やOBの場所を聞いた ………………… 41

CONTENTS

⑧ ティーアップしたボールの後ろを踏みつけた ……………………… 42

⑨ ワッグルしていたら、ボールが落ちた ……………………………… 43

NEW ⑩ ティーショットをから振り！ ボールが揺れてティーから落ちた … 44

NEW ⑪ から振りして落ちたボールを再ティーアップして打った ………… 45

⑫ 途中でスイングを中止した …………………………………………… 46

Rule ストロークってなに？ ………………………………………………… 46

⑬ 他人のクラブを間違って使用した …………………………………… 47

NEW ⑭ ボールがOBの境界線上にある ……………………………………… 48

⑮ OBの白線の真ん中にボールが止まった …………………………… 49

Rule ラインの境目のボールは、OBだけセーフ！ ……………………… 49

⑯ ティーショットがOB方向へ飛んだら、暫定球宣言！ …………… 50

⑰ 「暫定球打ちます」を言わずに打ったらどうなる？ ……………… 51

Rule 暫定球は何度打ってもいいの？ ……………………………………… 51

⑱ ティーショットが崖下に！ セーフだが、アンプレヤブルで打ち直したい … 52

NEW Rule アンプレヤブル宣言 …………………………………………………… 53

Rule 「ストロークと距離の罰」の救済 …………………………………… 53

NEW ⑲ 距離計で高低差を見た ………………………………………………… 54

NEW ⑳ BGMを聴きながらプレーした ……………………………………… 55

NEW ㉑ スマホでプレーの線を見てからパットした ……………………… 55

㉒ ボールがなくなり仲間から借りた ………………………………… 56

㉓ ホカロンで手指を温めながらプレーしたが、ポケットにボールが！ … 56

PART 3 ジェネラルエリア --------------- 57

NEW ㉔ ボールが見つからない、どうしよう！ …………………………… 58

NEW ㉕ ボールがOBになったらどうする？ ………………………………… 59

NEW ㉖ 探していたボールが見つかったが、3分以上たっていた ………… 60

㉗ 自分のボールか確認するため、草を少しかき分けた ……………… 61

Rule 自分のボールに名前を書いておこう ……………………………… 61

NEW ㉘ ラフで自分のボールを捜索中、うっかり打ってしまった ……… 62

NEW ㉙ ラフで仲間のボールを、マイキャディーがうっかり蹴ってしまった … 63

㉚ 探していたボールが踏まれてラフに埋まった …………… 63

㉛ ボールの後ろにクラブを合わせたらボールが揺れた ……… 64

Rule ボールが動く、動かされる ……………………… 64

㉜ ソールしたらボールが動いた ……………………… 65

Rule 「一般の罰」とは ………………………………… 65

㉝ 斜面で動きだしたボールをクラブで止めた ………… 66

㉞ 小枝をとり除いたらボールが動いた ……………… 67

㉟ 鉛筆をとり除いたらボールが動いた ……………… 67

NEW ㊱ 汚れた自分のボールを勝手に拾い上げて拭いた ……… 68

NEW **Rule** 同時に２つ以上の違反をしたとき ………………… 68

NEW ㊲ 汚れたボールを自分のものか確認したい …………… 69

㊳ ボールを回して確認した ………………………… 69

㊴ リプレースしなければならないボールをドロップしてプレーした … 70

Rule マーク／リプレース／プレース　それぞれの意味 … 71

NEW ㊵ 木に当たったボールがはね返って自分に当たった …… 72

㊶ 打ったボールが仲間に当たった …………………… 73

㊷ 打ったボールがカートに当たった ………………… 73

NEW ㊸ 打ったボールが作業車に当たってOB？ …………… 74

NEW **Rule** 外的影響 ………………………………………… 74

㊹ 打ったボールが、仲間のボールに当たりバンカーに …… 75

㊺ ２人同時に打ったボールが当たった ……………… 75

㊻ ボールにへばりついた芝カスをとり除いた ………… 76

㊼ リプレースする前に、ボールの下にあった枯れ葉をとり除いた … 76

Rule ルースインペディメント ………………………… 77

NEW ㊽ OBの白杭が邪魔だから抜いた …………………… 78

NEW **Rule** 杭の色の意味がわかれば処置はカンタン！ ………… 79

NEW ㊾ カート道にボールが止まった。どうすればいい？ ……… 80

Rule 完全な救済のニヤレストポイントの正しい見つけ方 … 81

㊿ 立木の支柱にボールが止まった …………………… 82

51 ボールは木の根元で打てないが、木の支柱がある …… 83

52 排水溝にボールが入った ………………………… 84

Rule 障害物 …………………………………………… 85

CONTENTS

NEW (53) 斜面でドロップしたボールが２回やっても止まらない …… 86
NEW (54) ドロップしたボールがエリア外に止まった …… 87
NEW (55) ドロップしたら足に当たった …… 88
NEW (56) マークしないでボールを拾い上げてドロップした …… 89
NEW Rule ドロップの正しい方法 …… 90
Rule リプレースの正しい方法 …… 91
(57) ボールがフェアウェイの水たまりの中に止まった …… 92
(58) ぬかるみにボールがはまったので、救済のドロップをした …… 92
(59) 修理地の白線上にボールが止まった …… 93
(60) ボールがモグラの穴の近くに止まった …… 93
Rule 異常なコース状態 …… 94
NEW (61) 木の根元に止まって打てない …… 96
NEW Rule アンプレヤブルの３つの選択肢 …… 97
(62) ボールは木の根元にあるが、スタンスがカート道にかかる …… 98
(63) ボールを上からたたきつけたら軟弱な地面にめり込んだ …… 98
NEW Rule アンプレヤブルの上手な使い方 …… 99
NEW (64) ２度打ちって何罰打？ …… 100
(65) OBのボールを打った …… 101
Rule 誤球 …… 101
(66) 打つ前にボールのすぐ後ろの芝を踏みつけた …… 102
(67) 練習スイングで木の葉を落とした …… 103
(68) 練習スイングで木の枝を折った …… 103
(69) OB側にある木の枝が邪魔なので折ってプレーした …… 104
NEW (70) 後ずさりしてスタンスをとったら小枝が折れた …… 104
(71) 木の上のボールが回収できない …… 105
NEW (72) だれのボールかわからないと紛失球 …… 106
(73) 紛失球宣言したあと、３分以内にボールが見つかった …… 107
(74) ティーイングエリアでボールを打って練習した …… 108
(75) ホールの途中で松かさを打った …… 108

PART ④ バンカー ---------------------------------- 109

NEW ⑦⑥ バンカー内の松かさをとり除いた ………………………… 110

NEW ⑦⑦ 木の葉を払いのけたらボールが動いた …………………… 111

　　 Rule バンカー内のボール ………………………………………… 111

NEW ⑦⑧ 自分のボールか確認するため、ボールを拾い上げた ……… 112

NEW ⑦⑨ ボール探し中、枯れ葉の中のボールを動かした ………… 113

　　 ⑧⓪ ボールが砂に埋まり見つからないので砂をほじった ……… 113

NEW ⑧① 打つときボールのすぐ後ろにクラブをソールした …………… 114

　　 ⑧② バックスイングのとき後ろの砂に触れた …………………… 115

　　 ⑧③ 素振りで枯れ葉に触れた ……………………………………… 115

　　 ⑧④ バンカーショットを打つ前に、砂に足をめり込ませた ………… 116

　　 ⑧⑤ 足で斜面を崩しながらスタンスをとった …………………… 116

NEW ⑧⑥ 本番前の素振りでクラブが砂に２～３回触れた …………… 117

　　 ⑧⑦ バンカーでスタンスをとるときボールが動いた …………… 118

NEW ⑧⑧ バンカーのアゴを直撃、ボールが土壁に埋まった ………… 118

NEW ⑧⑨ クラブをピンの方向に向けて置いて打った …………………… 119

　　 ⑨⓪ 使わないクラブを砂の上に置いた ………………………… 119

　　 ⑨① ボールがバンカーにあるとき、バンカーをならした ………… 120

NEW ⑨② バンカーショットがOB、ドロップ前にバンカーをならした ……… 121

　　 ⑨③ バンカー内のレーキにボールがくっついて止まった ………… 122

　　 ⑨④ バンカー外のレーキをどかしたらボールがバンカーに落ちた …… 122

NEW ⑨⑤ 仲間のバンカーショットでボールに砂がかぶった …………… 123

　　 ⑨⑥ バンカーショットではみ出したカラーの砂を払った ………… 123

NEW NEW ⑨⑦ バンカーのアゴで打てない …………………………………… 124

NEW ⑨⑧ ボールがバンカー内の水たまりに入った …………………… 126

PART ⑤ ペナルティエリア -------------- 127

NEW ⑨⑨ 黄杭の池にボールが入ったら？ ………………………………… 128

NEW ⑩⓪ 赤杭の川にボールが入ったら？ ………………………………… 129

CONTENTS

NEW ⑩ 池越えのホールで池は越えたが、逆戻りしたボールが池に入った … 130

NEW ⑩ 赤い杭のある池にボールを打ち込んだ ……………………… 131

⑩ 池に入ったボールを確認のため拾い上げた ……………………… 132

Rule ペナルティエリアのボール ……………………… 132

⑩ ボールの確認で、寄り添っている木の葉をとり除いた ……………… 133

Rule ペナルティエリアの3NG ……………………… 133

NEW ⑩ プレー前にボールまわりの枯れ葉を払いのけた ……………… 134

NEW ⑩ 水辺のボールを打つとき、クラブを水につけた ……………… 135

NEW ⑩ 黄杭内から打ったら池ポチャ！ ……………………… 136

PART 6 パッティンググリーン ---------- 137

⑩ グリーンとカラーの境目にあるボールをマークして拾い上げた …… 138

Rule グリーン上のボール ……………………… 138

⑩ グリーン上でマークしないでボールを拾い上げた ……………… 139

NEW ⑩ 拾った小石でマークした ……………………… 139

NEW ⑪ ボールが落下したときにできたボールマークを直した ……………… 140

NEW ⑫ プレーの線上のスパイクマークを直した ……………… 141

Rule プレーの線 ……………………… 141

NEW ⑬ マークするときマーカーでボールをはじいてしまった ……………… 142

NEW ⑭ 松葉をとり除くときうっかりボールを動かした ……………… 143

⑮ 1本だけ飛び出した長い芝をつまみとった ……………… 143

NEW ⑯ パターの先っぽでマークした ……………… 144

NEW ⑰ マークして拾い上げたが、別のボールをリプレースしてプレー …… 144

NEW ⑱ 自分が拾い上げたボールをキャディーが拭いてリプレース ………… 145

⑲ ラインを読むときグリーンに手のひらをつけた ……………… 146

⑳ ボールについた泥をグリーン面で拭きとった ……………… 146

NEW ㉑ ライン読みのときグリーンにパターを立てて置いた ……………… 147

㉒ フリンジのスプリンクラーが邪魔 ……………………… 147

㉓ 止まっているボールが動いた ……………………… 148

㉔ マークして、ボールを拾い上げる前に風でボールが動いた ………… 148

NEW ⑫㊄ リプレースした後にボールが動いた …………………………… 149

NEW ⑫㊅ キャディーにラインを聞いた ………………………………… 150

NEW ⑫㊆ キャディーが後ろに立ってラインを読んでくれた ………… 151

⑫㊇ キャディーが傘をさしたまま打った ……………………… 151

NEW ⑫㊈ 旗竿を立てたままパットしたらボールが旗竿に当たった ………… 152

NEW ⑬㋿ 旗竿をさしたままでパットしたが、急きょ抜いてもらった …… 153

⑬① ピンに寄りかかっているボールを拾い上げた ………… 153

⑬② マーカーを元に戻さずパットした ……………………… 154

⑬③ 仲間のマーカーからパットした …………………………… 154

NEW ⑬④ ボールマーカーを残したままパットした ……………… 155

NEW ⑬⑤ パットがクラブに当たった ………………………………… 156

⑬⑥ パットが仲間のボールに当たった ……………………… 156

⑬⑦ パットのとき、旗竿に手を添えた ……………………… 157

⑬⑧ パットをかき寄せてホールアウトした ………………… 157

⑬⑨ グリーン上に水たまり。プレーの線上だから救済あり？ ………… 158

⑭㋿ サブグリーンのボールをパターでプレー ……………… 159

⑭① ボールがサブグリーンにのったら？ …………………… 159

⑭② ホールアウトしたあとに誤球だったことに気づいた ………… 160

Rule 前打地点からプレーする方法 ………………………………… 161

よくわかるゴルフ用語解説 ………………………………… 162

装丁＆本文デザイン／市原雅利（BEANS ART）
校正／井上裕子
DTP／伊大知桂子（主婦の友社）
編集担当／松本可絵（主婦の友社）

コースエリアの名称

コースエリアの名称 Areas of the Course

　ゴルフコースは、プレーが許される5つのエリアで構成される。①ジェネラルエリア（旧スルーザグリーン）、②ティーイングエリア（旧ティーインググラウンド）、③バンカー、④ペナルティエリア（旧ウォーターハザードほか）、⑤パッティンググリーン。そしてコース境界縁の外側は、アウトオブバウンズでコース外となる。

本書のゴルフルールは(公財)日本ゴルフ協会が発行する「ゴルフ規則」にのっとって解説されています。

ジェネラルエリア
General Area

　②～⑤を除いたすべてのエリア。すなわち、フェアウェイ、ラフ、道路、木など。ティーイングエリアでも指定区域外と目的外のグリーンを含む。➡P57

ペナルティエリア Penalty Areas

　池や川や海などの水場のほか、砂漠、ジャングル、溶岩地、崖やブッシュなどの区域が含まれる。ペナルティエリアは赤や黄色の杭や線で表示される。➡P127

ジェネラルエリア

避難所

イエローペナルティエリア

フェアウェイ

カート道

ティーイングエリア
Teeing Area

　プレーヤーがホールをスタートするとき、最初にプレーするエリア。前方2つのティーマーカーと、後方2クラブレングスで囲まれた長方形のエリア。➡P37

ティーイングエリア

林

目的外のグリーン
Wrong Green

プレー中のホールのパッティンググリーン以外のコース内のすべてのグリーンで、ジェネラルエリアの一部である。➡P159

パッティンググリーン
Putting Green

プレーヤーがプレーしているホールで、パッティングするために特別につくられたエリア。ボールの一部がグリーンに触れていればグリーン上のボール。➡P137

ジェネラルエリア

OB

OB

ラフ

目的外のグリーン

パッティンググリーン

バンカー

フェアウェイ

ラフ

林

ジェネラルエリア

レッドペナルティエリア

OB

バンカー

ラフ

ラフ

バンカー Bunker

地面から芝草や土をとり去り、くぼみに砂を入れてつくられたエリア。バンカー内でも縁の草や土、積み芝、芝草の生えている部分はバンカーではない。➡P109

ラフ

OB

アウトオブバウンズ
Out of Bounds

通称「OB」と呼ばれ、境界の支柱＝杭のコース側を地表レベルで結んだ線の外側。境界線は地面の上方と下方に及ぶ。白杭や白線で表示される。➡P48、59

ゴルフコースの名称

ファウラー、プレースした
ボールが池ポチャで紛失球

New Rule

　2019年2月、フェニックスオープンの最終日、トップを独走していたリッキー・ファウラーだが、11番ホール（パー4）でまさかが起こる。3打目のアプローチがピンをオーバーし転がって奥の池に。1打罰で救済を受けて斜面に2回ドロップしたがボールが止まらないのでプレースした。ところが次打のためにグリーン面を確認してる間に……ボールが動きだしコロコロ転がって池の中へポチャン。新たに紛失球の1罰打が追加され、トリプ
ルボギーに！

　この不運な出来事がルールを動かし2023年に改訂。「自然の力が動かしたボールが他のエリアやOBに入ったら無罰でリプレース」できることになった。

松山英樹、フェースに
白い線を書き入れて失格

New Rule

　2022年6月のPGAザ・メモリアルトーナメント初日……。松山のおニューの3番ウッドは黒いフェース面の溝（スコアライン）が見えにくかった。そこで「ホワイトの修正ペン」で溝をなぞったら白くよく見えショットも冴えてきたのだが、「フェース面の溝から白い線が盛り上がってはみ出している」とSNSに投稿が。「性能を意図的に変えたクラブでストロークをしてはならない」違反で、ラウンド中10番ティーで失格になった。

　白ペンなどで溝に色を塗る場合は、はみ出した周りの部分を拭きとるなどして、白色が溝の中だけにおさまるようにすればセーフとされる。このマーキング事件が、2023年改訂に反映された。

●試合中に選手が遭遇する思わぬ出来事が、ルール改訂に反映されていきます。

エチケット

ETIQUETTE

・ゴルファーはいつでも誠実でありたい

・スロープレーはイエローカード！

・あいさつと「ありがとう」で一日を楽しく

コースでの
エチケット＆
マナー10

ゴルフは、ルールの前にエチケットありというスポーツです。プレーするときは、他のプレーヤーやコースに対する心くばりが大切にされます。本書も原典にのっとり、快適にゴルフを楽しむために必要なコースでのエチケットでスタートしましょう。

心くばり　1

プレーにふさわしい服装を！

　スポーツの中で審判がいないゲームは、ゴルフだけかもしれません。そのかわりに、全員が同じ土俵の中で楽しむためのマナーやルールがあります。服装もそのひとつ。ゴルフコースは社交場です。GパンやTシャツはNG！　男性はポロシャツなどのえりつきのシャツ。女性もえりつき、そでつきで、清潔な身なりを心がけたいものです。

心くばり　2

遅刻はエチケット違反＋ゴルファー失格

　スタート時間に遅れることは、朝から仲間に迷惑をかけることになります。スタートの1時間前にはコースに到着していたいもの。軽く朝食をとったりコーヒーなどを飲んだり、気持ちにゆとりを持って。パターの練習などをすませ、ボールや持ち物をそろえて、5分前にはスタート地点で待機しましょう。

心くばり　3

人が打つときはお静かに

　自分がティーショットするときにはだれにも邪魔されず静かに打ちたいもの。ティーイングエリアは、これからストロークするプレーヤーひとりのものです。自分の打順ではないのにティーエリアに上がったり、打つ人の後方に立つのはダメ。横で素振りをしたり、動いたり、話をするのもエチケット違反です。

心くばり　4

打ち込み禁止！ 前方の安全確認を

　突然近くにドンとボールが落ちたら驚きます。打ち込みは大変危険です。必ず、前の組が自分の飛距離より先に行ったことを確認してから打つこと。グリーンに旗竿が立っていても、まだプレー中かもしれません。人のいる方向へボールが飛んだときは、すぐに全員で大声で「Fore＝フォアー！」と叫び、危険を知らせます。

● プレーのペースとパス……プレーヤーは速やかなペースでプレーすべし。すなわち前の組に遅れずついていくこと。もし前の組と1ホール以上間隔があいたときに、後続の組を待たせているようなら、後続の組に先に行くように声をかけましょう。

23

心くばり 5

プレーファストとレディゴルフ

スロープレーは禁止です。といっても、せわしなく急いでプレーするわけではありません。ボールの前に立ったら（「スタンスをとる」といいます）、ゆとりを持って40秒以内にストロークしましょう。また、仲間の合意があり、前方の安全が確認できるときは、違う順番でプレーすること＝レディゴルフをすることができます。

心くばり 6

ディボットは元に戻し、目土を入れる

削りとった芝＝ディボットは、必ず元の位置に戻し、シューズで踏みつけておきましょう。ディボットがバラけて戻せないときは、目土（めつち）の砂を入れるのがエチケット。目土袋はカートに備えつけられているので、確認しておきます。補充用の目土は、ティーイングエリア横に砂置き場があります。

心くばり 7

バンカーはコースに平行にならす

バンカーショットのあと、レーキで砂をならすときは、できるだけホールに向かうラインと平行にならしておきます。そうすればあとから同じバンカーに入れた人に、アンラッキーな障害を与えなくてすみます。ならし終えたレーキは、次の人がすぐに使えるようにバンカー外の近くに置きましょう。

● 速やかなプレー……プレーヤーは常に自分のプレーの準備をし、次の地点へ速やかに移動しましょう。打つ準備ができたら、40秒以内にストロークすることが推奨されています。

心くばり 8
グリーン上の傷は直しておこう

　ボールがグリーンに落ちたときにできるへこみ＝ボールマークや古いホールの埋め跡のほかに、靴を引きずった跡のスパイクマークもプレー前に修理できるようになりました。ボールマークはグリーンフォークで周りから内側に寄せるように直し、スパイク跡はパターのソールで芝を平らにならしましょう。

心くばり 9
グリーンの読みはお早めに

　グリーン上でボールまでの距離を測ったり、自分のラインを読んだりする初期動作は、マークするときにセットで行うようにしましょう。4人が次々に、テレビで見るプロ並みにいちいち歩測してラインを読んでいたら、時間がいくらあっても足りません。人の打ったラインもじっくり見て、参考にしましょう。

心くばり 10
ホールアウト後は
グリーンから素早く退去

　旗竿を立てたままのプレーが認められたので、全員のボールがグリーンにのったら「旗竿は残すか、抜くか」を仲間と確認し合います。最初にパットを終了＝ホールアウトした人が旗竿を持ち、全員が終わったらホールにさし戻し、素早くグリーンから退去しましょう。スコアはグリーンを離れてから記入します。

● 心くばりできるゆとり……ゴルフを楽しみたくてコースに来ているのは、だれもが同じです。他のプレーヤーの楽しみの時間を奪わないように（「時間泥棒」にならないように）心がけましょう。　25

CART MANNERS — セルフプレーのカートのマナー

いまや日本のゴルフ場では、ほとんどのコースで乗用カートが使われています。気楽なセルフプレーもふえ、乗用カートを運転する機会も多いので、カートのマナーの基本を勉強しましょう。

自分のボールにばかり夢中になって、カートを置き去りにしていかないこと

打球にばかり目がいき余裕がないと、ついついカートのことを忘れがち。あとでとりに戻るのは大変なので、みんなで注意し合いましょう。

カート事故に注意!

ゴルフ場で多いのが、スピードの出しすぎでカートがバランスを失って転覆してしまう事故です。林間のカーブを曲がるときに腕や頭を木にぶつけて大ケガというケースもあります。また、不注意で人に接触してケガをさせてしまうことのないよう、安全運転で楽しいゴルフを!

カートは、いちばん遅いプレーヤーに合わせて進めます

いちばん飛んだ
人がカート係！

カートはナイスショットをした人が
みんなのプレーを見ながら運転する

　フェアウェイのいちばん遠くに飛んだ人＝上級者が運転するのがいいでしょう。その人が次打でミスショットをした場合、次にいちばんホールに近づいた人に運転を交代してもらいます。

グリーンにのったら、
カートは次ホールへの
停車線に止めておく

　みんながアプローチを始めたら、次ホールへの停車線までカートを進めます。運転するプレーヤーは、みんなのボールを拭くためのぞうきんと、全員のパターを持っていきましょう。

ビギナーの
コース
デビュー

コンペに 出るときの心得 10

コンペティション＝競技会に参加するときの心得には、ベテランもビギナーもありません。ここでは、初めてコンペに参加するビギナーのチェックポイントを紹介します。

❶ ゴルフ場に到着したら

スタートの1時間前にゴルフ場に到着し、まず受付＝フロントデスクに行きます。メンバー用とビジター用と2種類の記名簿がありますから、ビジターのほうに住所・氏名、それと紹介者またはコンペの名前を記入し、ここでスコアカードホルダーとロッカーキーを受けとります。このスコアカードホルダーの番号がロッカーの番号で、食事や買い物をしたときの伝票番号にもなります。

盗難防止のため暗証番号式の貴重品入れやロッカーがありますが、使用方法が書いてあるので心配いりません。貴重品や現金は必ずフロントか貴重品入れに預けましょう。

❷ 着がえ、紫外線対策、ストレッチ、朝食、練習

　ロッカールームで着えたら、ゴルフシューズをはき、紫外線対策は万全に。UVカット、吸汗速乾のウェアがトレンドです。そしてここでストレッチ体操を入念にします。朝食がすんでいないときは軽い食事をとり、時間があれば練習場に行きましょう。

❸ グリーン上で練習する

　練習ボールは1カゴ（20球）だけ打ちます。最初は小さなピッチングなどのスイングから始め、だんだん大きなスイングにして体を慣らします。パターの練習は必ずしましょう。ウッドやアイアンは近所の練習場で練習できますが、本物のグリーンでパットの練習ができるのはここだけです。パターは手袋をはずし素手で打ちます。方向性や強さを試し、グリーンの速さを体感しておくことが大切なのです。

❹ コンペの条件を確認する

　当日のコンペの条件を確認しましょう。「競技に参加するプレーヤーは競技に関する条件を知ってプレーする責任がある」のです。1ラウンドか1.5ラウンドか。ノータッチか、6インチ・プレース（➡P68欄外）か。組み合わせや仲間は。スタート＝ティーオフはアウトからかインからか。そういった条件を必ず確認します。

❺ スタートの5分前に集合

スタートの5分前にはスタートホールに行きます。すでにほかの仲間やキャディーバッグがカートにのせられ到着しています。全員に「きょう1日よろしくお願いします」とあいさつ。キャディーさんにビギナーであることを告げ、「いろいろ教えてください」とお願いしておけば、アドバイスしてくれるはずです。このときクラブの本数（14本以内）を確認します。

❻ スタート前に持ち物チェック

ボールやティーはキャディーバッグに入っているはずですね。予備のボールや必要なものは、ポケットや腰のポーチに入れて持ち歩きます。プレーヤーには正しいボールをプレーする責任があり、いつでも自分のボールとわかるようにボールにはマジックでイニシャルや自分の印をつけておきましょう。

ボール
ティー
グリーンフォーク
マーカー

❼ いつもクラブを2〜3本持って

最初の数ホールは緊張して、まともにボールに当たらないかもしれません。でもだんだん慣れてくると、しだいに当たるようになってきます。使用クラブをいちいちキャディーさんに届けてもらうわけにもいきませんから、2〜3本使いそうなクラブを持って足早にボールのところへ。「ゆっくり打って、速やかに移動」。これは上級者も同じです。

● プレーヤーの非行に罰則……プレーヤーは、ゴルファーの心得を尊重して、他のプレーヤーを思いやり、コースを大切にしなければなりません。エチケット違反した選手に対しては、1〜2罰打、失格などの罰を科す権限が委員会に与えられています。

❽ 本当のルール・正しい処置

ボールを探しても見つからないときは
3分であきらめ、別のボールでプレーし
ます。コンペでは、仲間に聞いていい
ことと聞いてはいけないことがありま
す。わからないことはキャディーさんに
聞きましょう。ゴルフのルールは実際に
やってみて初めて悩むものです。自分の
体験したトラブルはあとでルールブック
を見て「本当のルール・正しい処置」
を確認しましょう。

❾ スコアの記録／署名と提出

1ホールごとにスコアカードに自分
（と仲間）のスコアを記入します。プレー
終了後に各ホールのスコアを確認し、
ペナルティやスコアの疑問点は仲間
（マーカー）や競技委員に確認してから
マーカーのサインをもらいます。最後に
自分もサインして係（委員会）に提出し
ます（➡P32〜35）。

❿ ゴルフを楽しもう

救済に頼ってプレーするのはラクで
すが、楽しいゴルフにはならないかもし
れません。むずかしいアプローチを練
習し、うまく打てたときの喜びや満足
感こそが「これぞゴルフ」。ルールも同
様で、面倒くさがらずしっかり勉強して
おけば、得することがたくさんあります。
一目おかれ、異次元のゴルフが楽しめ
ること請け合いです。

ラウンド後のチェックポイント

クラブコンペや月例会などの公式競技で気をつけたい、ラウンド後のスコア
カード提出の注意点です。失格にならないよう、しっかりチェック！

- -

1 打数の過少申告

ラウンド後、マーカーの署名をもらいスコアカードを提出したが、そ
の後あるホールのスコアに罰打を加えていないことに気がついた。

! 失格　プレーヤーはスコアカードの記入に責任があります。真実のスコ
アより少なく申告したときは失格となります。真実より多く申告し
た場合は申告どおりとなります。

　ただし例外として、プレーヤーが「違反があったと知らずに、その罰打を含め
ず」にスコアカードを提出後、競技終了前に他に罰打があったことがわかった
場合は、「違反した罰打」を加えることで「失格」の罰を免れることができます。

② 署名をしないで提出した

だれ？

! 失格　**2罰打** 失格から軽減された

　スコアカードには自分とマーカーの署名は必須であり、どちらか、あるいは両方を忘れると失格です。

　2023年のローカルルールで、一般の罰＝2罰打に軽減され、JLPGA（日本女子プロゴルフ協会）がこれを採用しました。

---

③ 計算間違いして1打少ない合計スコアで提出した

だいじょうぶ！　過少申告？　マーカー

罰なし／委員会が誤りを訂正する

　ラウンド後、単純ミスで計算間違い、1打少ない合計スコアを書いて（マーカーも気づかず）提出してしまった。そんな場合、提出後のスコアの変更は認められていませんが、各ホールのスコアが正確なら罰は科せられません。

　また、2023年より、スコアの加算とハンディキャップの算出・決定は委員会の責任とされ、プレーヤーの計算ミスは委員会によって訂正されます。

Check The Rule　**スコアカードの記録と確認と提出**

　ラウンド中、プレーヤーは自分のスコアを正確に記入し、マーカー（同組でラウンドする第三者）は「指定されたプレーヤーのスコア」を記録します。

　ラウンド後、プレーヤーは自分自身の、マーカーは指定されたプレーヤーの各ホールのスコアが正確であることを確認し合い、疑問がある場合は委員会に報告。問題がなければ、署名（証明）して、委員会に提出します。スコアカード提出後の変更はできません。

スコアカードのつけ方

1 BLUE（青／バックティー）＝上級者
WHITE（白／フロントティー・レギュラーティー）＝一般男性
RED（赤／レディースティー）＝女性

2 パー（PAR）
各ホールの基準打数。ショートホールは3、ミドルホール
は4、ロングホールは5。全18ホールの合計は72が基本。

HOLE	1	2	3	4	5	6	7	8	9	OUT
BLUE	424	154	510	421	416	220	576	412	361	3494
WHITE	405	138	490	395	390	198	550	389	337	3292
RED	358	110	452	372	374	178	487	366	308	3005
PAR	4	3	5	4	4	3	5	4	4	36
小山	5	4	6	5	5	4	6	5	5	45
HDCP	5	18	4	9	6	14	1	11	13	
DATE	MARKER'S SIGNATURE									

スコアの記入はプレーヤーと
マーカーの責任

3 ホールのハンディキャップ
各ホールの難易度。1〜18で表され、
数字が小さいほど難易度が高い。

4 プレーヤーの名前
いちばん上の欄に自分の名前、
以下の欄に仲間の名前を記入。

5 マーカーの署名
仲間やマーカーにも
らう証明のサイン。

6 本人の署名
「各ホールのスコアに責任を
持ちます」というサイン。

プレーヤーの責任

プレーヤーは各ホールのスコアを自分で管理・記入する責任があります。
ラウンド終了後はサイン＝署名し、マーカーの署名をもらってスコアカ
ードを返却します。以後はスコアの変更はできず、違反は失格となります。

● ローカルルールの確認……スコアカード裏に記載されている、コース独自のローカルルー
ルを必ず見ておきましょう。芝の保護のためにフェアウェイで6インチ（約15㎝）プレース
や、白線や青杭＝修理地の指定や、カートの乗り入れ規制などが記載されています。ロー
カルルールはジェネラルルールに優先します。

● 打数を記録するカードは、ゴルフ場に用意されています。プレーヤーはスコアを自分で管理・記録するので、スコアカードのつけ方を知っておくことが大切です。

7 アウト(OUT)とイン(IN)

前半の9ホールを「アウト」、後半の9ホールを「イン」と呼ぶ。ゴルフではスタートを「ティーオフ（Tee off）」、スタート時間を「ティータイム」という。

8 プレーヤーのハンディキャップ　New Rule

技量の異なるプレーヤー同士が公平にプレーするための基準ポイント。ハンディキャップは委員会が算出して決める。

10	11	12	13	14	15	16	17	18	IN	TOT	HCP	NET
407	488	315	341	198	361	404	560	177	3251	6745		
381	459	303	313	177	342	382	551	151	3059	6351		
357	436	268	295	155	316	354	427	122	2730	5735		
4	5	4	4	3	4	4	5	3	36	72		
5	6	5	5	4	5	5	6	4	45	90	17	73
			スコアの集計やハンディ									
			キャップは委員会の責任									
7	3	15	12	16	10	8	2	17				
PLAYER'S SIGNATURE												

9 ヤーデージ

各ホールの距離はヤードで表示されている。（1 yardは約90cm）

10 ネットスコア

全18ホールのトータルスコアから、8を引いたスコア。

Check The Rule　打数の呼び方

ゴルフは、各ホールに基準打数（パー）があり、ゴルフならではの打数の呼び方があります。たとえば、パー4（打）のホールを5打で回ったら、＋1（打）で「ボギー」といいます。

▶イーグル（−2）
基準打数からマイナス2打。

▶バーディー（−1）
基準打数からマイナス1打。

▶パー（±0）
基準打数ぴったりの打数。
18ホール合計は72。

▶ボギー（＋1）
基準打数からプラス1打。18ホール合計は90。

▶ダブルボギー（＋2）
基準打数からプラス2打。18ホール合計は108。

▶トリプルボギー（＋3）
基準打数からプラス3打。18ホール合計は126。
ビギナーはまずここを目ざしましょう！

プレーヤーの心得

ゴルフゲームとは What is Golf?

　ゴルフは、ルールにしたがって、1つのボールをクラブを使ってティーイングエリアからプレーし、（1打または連続する複数のストロークで）パッティンググリーンのホールに入れて終了するコースの、1ラウンド18ホールズをプレーするゲームです。

●コースはあるがままにプレーし、ボールはあるがままにプレーします。
●状況によって、コースの状態を変えたり、元とは異なる場所でプレーすることを要求される例外があります。

ゴルファーの心得 The Spirit of the Game

　すべてのゴルファーは、ゲームの精神のもとでプレーすることが期待されます。すなわち、

●規則にしたがい、プレーに誠実であること。
●他人を思いやり、速やかにプレーし、他人の安全を確認し、気を散らさないこと。
●ディボットを元に戻し、バンカーをならし、ボールマークを修復するなど、コースを大切に保護すること。

安全の確認 Safety

●プレーヤーは、ストロークや練習スイングをする前に、近くに人がいないか確認し、周囲の安全に気を配りましょう。
●前の組にボールが届かなくなるまでプレーしてはいけません（打ち込みの禁止）。
●人のいるほうにボールが飛んだときは、瞬時にためらわず危険を知らせましょう。そのときのゴルフの伝統的な言葉は「Fore＝フォ～！」。

ティーイング
エリア

TEEING AREA

・前方に人がいないか確認しよう

・風を読み、攻め方を考えよう

・ゆっくり打って素早く移動

4 ティーショットをうっかり ティーイングエリア外から打った

2罰打 正しいエリア内から打ち直し

「ティーイングエリア」とは、前方、左右2つのティーマーカーと奥行き2クラブレングスの長方形のエリアです。このエリアから打つ、そのホールの第1打が「ティーショット」。

このエリアからティーショットを打った瞬間、そのボールはインプレーになります。ボールをエリア内にティーアップすれば、スタンス＝足の位置はティーイングエリア外でもOK。

エリア外から打ったボールは無効で、2罰打を受けて、正しいエリア内から打ち直しとなります。イラストでは、Cさんだけ正しく、AさんとBさんは2罰打を受け、正しいエリア内から打ち直しとなります。

2クラブレングスとは、自分の持っているクラブのうち、パター以外で最も長いクラブ＝ドライバーの2本分の長さ（➡P59、81、89、97、165）。

● ティーマーカーの色……赤色は「レディースティー」で女性用、白色は「フロントティー／レギュラーティー」で女子プロと男性用、青色は「バックティー」で男子プロ用。ほかに銀色＝シルバー世代用や、木彫りタイプなどもあります。

5　打順を間違えて
打ったボールがOBになった

1罰打　そのままプレー

ストロークプレーでは打順を間違えてもペナルティはなく、順番間違いを訂正する打ち直しはありません。

　このOBはふつうのOBとしてカウントされます。すなわちOBの1罰打を加え、次は再びティーアップして3打目として打つことになります。

　スタートホールの打順は、組み合わせがない場合はくじやコイントスで決め、2ホール目からは前ホールで打数の少なかった順にティーオフ＝スタートします。

人のいるほうにボールが飛んだら**フォア〜！**と大声で危険を知らせよう！

2019 Rule　**40秒以内にストロークすることが推奨される**

6 プレー前の仲間に、使うクラブの番手を聞いた

2罰打 ▶そのままプレー

プレー前に同組の仲間に使用クラブを聞くことも、教えることも違反で、教えた側にも「アドバイス違反」の2罰打が科せられます。

「アドバイス」とは、①プレー方法の判断、②クラブ選択、③ストロークを行うときに影響を与えるコメントや行為のことで、これらは聞くことも答えることも違反になります。ただし、自分が打ち終わり、相手も打ち終わったあとなら、今使ったクラブの番手を聞いても大丈夫。

コースでは、アドバイスを求めることができるのは自分のキャディーだけ。プレーヤーは、自分のキャディーが知っているすべての情報を聞くことができます。また、共用のキャディーの場合は、キャディーに仲間の使用クラブを聞いても罰はありません。

● うっかりコメント……ストロークした後「9番じゃ大きすぎたよ」と、まだプレー前の仲間につい言ってしまったが、仲間に影響を与える意図はなかった場合、罰はありません。

7 仲間に池やOBの場所を聞いた

初めてのコースなので攻め方がわからない。
仲間に、池やOBの場所、グリーンまでの距離や
ピンの位置などを聞いた。

罰なし → **そのままプレー**

ゴルフの規則やトラブルの処置法、池の位置やOBの場所、グリーンやバンカーまでの距離やピンの位置、風向きなどは「公開の情報」で、「アドバイス」ではないので、聞いたり教えたりすることができます。

ただし、「右はOBだから左を狙うといいよ」「5番なら池を越えられる」「池の手前に刻む手もあるよ」など具体的な攻め方を教えるのはダメ。アドバイス違反で2罰打を受けます。

2023年改訂では、「風向き」のアドバイスが解禁されました。

● 最初に打つ人を「Honour=オナー（「栄誉ある人」の意味）」と呼びます。Honourはイギリス英語の綴り。アメリカ英語ではHonor。

8 ティーアップした ボールの後ろを踏みつけた

罰なし そのままプレー

　ティーイングエリア上に限って、ボールがインプレーであるなしにかかわらず、ストロークに影響のある状況を改善することが認められています。たとえば、クラブや足で地面にくぼみをつけたり、生長している草や雑草を曲げたり折ったり、露や霜をとり除くことも許されるのです。ティーイングエリア上なら、ボールの後ろの芝や雑草を踏みつけてプレーしても問題ありません。

● 仲間がティー区域外にティーアップしていたとき、「エリア外だよ」と間違いを指摘してあげても大丈夫。「ルール」を教えるのはアドバイスにはなりません。

ワッグルしていたら、ボールが落ちた

罰なし　再ティーアップ

「ワッグル」とは小刻みにクラブを動かして、いいショットが打てるように準備する動作のこと。

ティーアップしたボールにクラブを合わせてワッグルしていたら、ボールが落ちた……。そんな場合、ティーイングエリア上に限ってはインプレー前なので罰はなく、ボールをティー上に置き直してプレーを続けることができます。

ただしこの行為は、ティーイングエリア以外ではボールを「動かした」違反で1罰打になり、動いたボールは元の位置に戻す＝リプレースしなければなりません。

● インプレーのボール……ティーイングエリアからストロークした瞬間、そのボールは「インプレー」となり（➡P38）、ホールに入れられるまでが「インプレー状態」となります。OBや紛失球、ボールを拾い上げたときはインプレー状態ではなくなります。

43

10 ティーショットをから振り！ ボールが揺れてティーから落ちた

| 罰なし | 再ティーアップ そのままプレー |

　力あまってティーショットをから振り！ 風圧でボールが揺れてティーから落ちたが、このから振りはれっきとした1ストロークで、そのボールはインプレーになります。 そして、ストローク後にインプレーのボールがティーイングエリア上にある場合は、そのままプレーしてもよいが、ティーショットをリセットして罰なしで、再ティーアップして打つことができます。 から振りが1打目で、次打は2打目。

　ボールがティーに残っている場合は、もちろんそのままでも、場所やボールを変えてティーアップし直してもOK。次打は2打目です。

11 から振りして落ちたボールを 再ティーアップして打った

罰なし ＞ そのままプレー

ティーイングエリアで一度ストロークした後は、インプレーのボールがティーエリアにある場合は罰なしで、①そのままプレー、②場所を移動させてプレー、③再ティーアップしてプレー、のいずれもがOKになりました。

すなわち、ティーイングエリアの好きな場所に再ティーアップして、プレーすることができます。ここまでの打数は、から振り1＋③再ティーショット1＝2打。

2019 Rule	ティーイングエリアでは いつでもティーアップできる

12 途中でスイングを中止した

罰なし ▶ 再ティーアップ

ボールを打とうとしてダウンスイングを始めたとき、物音がしたのでスイングを止めようとした。が、止まらずかろうじてボールをはずしたが、風圧でボールが落ちた……。この場合は、スイングはしているが、ダウンスイングの軌道を変えてボールをはずすことで、ストロークを制止しようとしたので、ストロークを行ったとはみなさず、罰なしで再ティーアップできます。

Check The Rule　ストロークってなに？　Stroke

ストロークとは、『ボールを打つために行われるクラブの前方への動き』のこと。スイングをパート別に説明すると、①バックスイングを始め、②トップの位置で切り返し、③ダウンスイングして、④ボールを打ち、⑤フォロースルーする。これが一連の動作ですが、ストロークとは「前方への動き」、すなわち②から⑤までの一連の動きをいいます。

ゆえに①のバックスイングはストロークではなく、プレーヤーが②の後、クラブヘッドがボールに当たる前にダウンスイングを自分の意思で途中で止めたときは、ストロークを行ったことにはなりません。

13 他人のクラブを間違って使用した

2罰打 ▶そのままプレー

プレーヤーは自分で選んだ14本以内の
クラブを持って正規のラウンドをスタート
します。仲間やキャディーが入れ間違えた
場合は、そのクラブを使ったときは2罰打を受けますが（打ったボールはそのま
まプレー）、使わなければ罰はありません。

14本に満たないクラブでスタートした場合でも、他のプレーヤーからクラブを
借りることはできません。他人のクラブを使用すると1回につき2罰打で、2回
で4罰打ですが、1ラウンドすべてで使用しても4罰打が最大となります。

またスタート後、15本以上の超過クラブに気づいたら、ただちに同組のマー
カーにプレーから除外するクラブを告知しなければなりません（2罰打・最大4
罰打）。これを怠りプレーを続けると失格になります。除外するクラブは、逆さ
にしてバッグに入れます。

● スタート前に超過クラブに気づく……ラウンド前に14本を超えるクラブに気づいたときは、
可能な限りそのクラブを置いてスタートします。やむを得ずバッグに入れてスタートすると
きは、そのクラブを絶対に使わない「除外告知」をします。

ボールがOBの境界線上にある

罰なし そのままプレー

OBの境界線は、杭のコース側を結んだ地上の線。この線の外側にボールが完全に出ていたらOB。境界線にのっていても、コース内にボールが少しでもかかっていたらセーフです! そのままプレーを続けてOK。

OB杭はコースの外側に立っていると覚えましょう。

OBの場合は、選択肢は2つ

1罰打 前打地点から打ち直し

2罰打 フェアウェイの2クラブ以内にドロップ

①1罰打を受け、前打地点に戻って救済エリアから打ち直し。1打目のボールならティーイングエリアに戻って次は3打目。

②暫定球(➡P50〜51)を打っていない場合、ローカルルールで2罰打を受け、ボールがOBになった地点に最も近いフェアウェイの2クラブレングス以内にドロップすることができます(➡P59)。

2019 Rule OBや紛失球でも、前打地点に戻らなくてよい

OBの白線の真ん中にボールが止まった

15

セーフ

（上から）OB側

OB

白線がOBの境界線を示す場合、その白線自体はOB区域となります。そしてOBの線は垂直に上下に及ぶので、（上から見て）ボールの一部でもコース側にあればセーフですが、今回はボール全体が白線の真ん中にあるのでOBとなります。暫定球を打っておいてよかった〜！

1罰打 OBの処置で暫定球でプレー

Check The Rule | ## ラインの境目のボールは、OBだけセーフ！
黄杭・赤杭・青杭のライン上はアウト！

ボールがライン上や境目にある場合、OBの白杭や白線の場合はボールの一部がコース側にあればセーフ。しかし、黄杭や赤杭＝ペナルティエリア、青杭＝修理地の場合はボールがその境界ラインに触れているとアウト、その区域にボールが入ったことになります。

OB

OBはセーフ

ペナルティエリア

ティーショットがOB方向へ飛んだら、暫定球宣言！

プレーヤーはボールが紛失するかもしれない、と思ったときは、「暫定球打ちま～す」と言って暫定球をプレーすることができます。

1罰打 OBの場合は暫定球をプレー

暫定球を打った場合、1打目のボールが見つかったときは、そのまま続けてプレーしなければなりません。

1打目のボールがOBだったり、3分以内に見つからなかったとき、そのボールは1罰打で紛失球となり、暫定球がインプレーのボールになります。このケースではOBの1罰打を加えて、次打は4打目です。

また、1打目のボールがあると思われる地点から、またはその地点よりもホールに近い地点から暫定球をプレーしたとき、1打目のボールは紛失球となり、暫定球がインプレーのボールとなります。この場合も次打は4打目です。

● 「暫定球」とは……ボールがペナルティエリア以外で紛失したかもしれない場合や、OBかもしれない場合に暫定的にプレーできるボールのこと。初めのボールがセーフで見つかったときは、暫定球は放棄しなければなりません。

「暫定球打ちます」を言わずに打ったらどうなる？

1罰打 ▶ そのままプレー

「もう1球打ちます」「打ち直します」「別のボールを打ちます」では暫定球とみなされず、ただのストロークです。打ったボールがティーショットなら「ストロークと距離の罰」（➡P53）に基づく第3打になり、初球は紛失球になってしまいます。なので、必ず「暫定球」という言葉を使用するのが決まりです。暫定球は、他の全員が打ち終わった後に打ちます。

Check The Rule **暫定球は何度打ってもいいの？**

打ってもOKです。プレーヤーはボールが紛失あるいはOBになったかもしれないと思えば、いつでも「暫定球宣言」すれば暫定球をプレーすることができます。ただし、ボールに印をつけて見つかったときに、それが何打目のボールか確認できるようにします。

18 ティーショットが崖下に！ セーフだが、アンプレヤブルで打ち直したい

1罰打 **アンプレヤブルの処置**

プレーヤーはコース上のどこででも（ペナルティエリア内以外は）、自分のボールをアンプレヤブルにする＝1罰打を加えたうえでプレーを続けることができる救済措置をとることができます。アンプレヤブルはボールが止まっていたところが基点なので、本来はボールを見つけ、それが自分のボールであることを確認しなければなりません。

しかし、打ち直しの場所がわかっている前位置からの場合だけは、ボールの所在を確認しなくてもよいので、この場合はアンプレヤブルの1罰打を加え、ティーイングエリアからティーアップして打つことができます。次打は3打目。

● 戻って暫定球……ボール探しを始めた後でもボールが見つかりそうもないときは、3分の捜索時間以内なら前打地点に戻って暫定球（➡P50〜51）をプレーすることができます。

Check The Rule　アンプレヤブル宣言

UNPLAYABLE
は 救済だよ！

　左ページのように、プレーヤーは（ペナルティエリアを除き）いつでも、自分の判断で、アンプレヤブルのボールの救済を受けられます。アンプレヤブルを宣言した場合、1打の罰を受けて次の1〜3の選択肢から、自分の打ちやすい救済処置を選ぶことができます。（詳しくは➡P96〜99）

アンプレヤブルの 3 つの選択肢

CHOICE 1

前打地点に戻って救済エリアにドロップして打ち直し。前位置がティーイングエリアだったらティーアップできる。

CHOICE 2 New Rule

ボールとホールを結ぶ後方線上にドロップし、落下地点から1クラブ以内の円内にボールが止まればOK。得意距離まで戻れる。

CHOICE 3

＜ラテラル救済＞ボールから2クラブレングスの救済エリアにドロップできる。ボールよりホールに近づくのはNG。

Check The Rule　「ストロークと距離の罰」の救済

1打の罰を加えたうえで、
前打位置の救済エリアから打ち直すこと

　プレーヤーはいつでも、1罰打のもとに、直前のストロークをしたところに戻ってボールを打つことができ、その場合は『ストロークと距離の罰』の救済を受けたことになります。ストロークと距離の罰とは、「1打の罰を受け、直前に打ったボールが飛んだ距離を失う」という意味です。

　たとえば、「OB」や「紛失球」で前打地点に戻って打ち直すことは、1罰打で「ストロークと距離の罰」の処置をとったことになります。この救済はOBや紛失球に限らず、直前のストロークがジェネラルエリアやペナルティエリア、バンカーの場合でも、その直前にプレーした前打地点が「基点」になります。（前打地点からプレーする方法➡P161）

距離計で高低差を見た

ラウンド中に使っていい用具、使い方によっては厳しいペナルティを受けてしまう用具があるので、ラウンド前にチェック。

2罰打 そのままプレー
2回目は失格

距離計を使った「2点間の距離」計測が公式に認められました。ただし、プロや競技ゴルフでは「高低差、風速」の測定は禁止されています。ボタンひとつで、グリーン(ピン)まで何ヤードで、高低差はプラス5ヤードなどと自動検出してくれる便利グッズですが、画面で高低差の表示を見ると2罰打を受けるので、距離計が使える競技会でも高低差の表示は「OFF」に切りかえておくことを忘れずに。

アマチュアのプレジャーゴルフでの使用は問題ありません。

**2019
Rule** ラウンド中に距離計を見たり
BGMが聴けるようになった

● スマホはマナーモード……ラウンド中に、スマホで他人の気を散らすのはマナー違反。ただし、スマホで「家に電話する」こと、「天気予報や気温」「ニュース」を見ることは認められています。

20 BGMを聴きながらプレーした

ミュージックでナイスショットね！

集中？

罰なし そのままプレー

ラウンド中に、イヤホンでBGMや好きな曲を聴くのはOK。

ただし、スマホやタブレットで今プレー中の自分や仲間のプレーのビデオを見たり、解析したりすることは、「プレーの援助になる用具の使用」として2罰打を受けるので注意。

21 スマホでプレーの線を見てからパットした

New Rule

推奨されるプレーの線や、クラブ選択に関する情報を見ることはできません。グリーンの起伏や速さは自分で「読む」のがゴルフということで、2023年改訂では、プロや競技ゴルフでは「グリーンリーディングブック（グリーンのアンチョコ）の使用」に制限がつけられました。手がきのメモは10.8×17.8センチ以内のサイズに。スマホやタブレットでプレーの線を示したり、拡大表示するのは禁止です。

2罰打 1回目は2罰打
2回目は失格

● 風向きのチェック……風向きを知るために、小麦粉などの人工物を空中にまいたり、ハンカチやリボンを風になびかせるのは違反で2罰打。芝をつまんで風に流して、風向きを調べるのは問題ありません。

22 ボールがなくなり仲間から借りた

ボール貸して

1万円！

何発も池や谷に打ち込んでしまい、手持ちボールをすべて使いきってしまった場合、ボールを仲間から借りることができます。

またティーやマーカー、手袋や帽子、距離計やパラソルなど、クラブ以外は仲間から借りることができます。

罰なし そのままプレー

---

23 ホカロンで手指を温めながらプレーしたが、ポケットにボールが！

え！？っ

ホカロン

寒い季節、手指を温めるためにポケットにホカロンを入れ、そこにボールが入っていたなら罰はありません。

ただし、ラウンド中に意図的に携帯カイロで温めたボールをストロークすると、「異常な方法で故意に性能を変えた」ボールの使用で、失格になるおそれがあるので注意。

罰なし そのままプレー

PART 3

ジェネラル エリア

GENERAL AREA

・素振りでコースを傷つけない

・マイボールに印をつけ、打つ前に確認

・困ったらどこでもアンプレヤブルの救済

24 ボールが見つからない、どうしよう！

見つから
ないよ〜

フェアウェイに飛んだボールが見つからない！「そんなバカな！」と、嘆いていてもしょうがない。どんな状況でも3分以内に見つからなければ、そのボールは「紛失球」で選択肢は2つ。紛失球の場合は……、

1罰打 ▶ 前打地点から打ち直し

2罰打 ▶ フェアウェイにドロップ

①1罰打を受け、直前にプレーした場所に戻って、救済エリアから打ち直し。そこがティーイングエリアならティーアップできます（➡P161）。

②2罰打を受け、右ページのイラストのボールXが紛失したと思われる地点に最も近いフェアウェイの2クラブレングス以内（オレンジの点線ライン）のエリアにドロップしてプレーします。後方に戻る距離は自由ですが、元のボール＝紛失地点よりホールに近づくのはNG。

〈注〉②のローカルルールの救済は、暫定球（➡P50〜51）をプレーした場合と、ボールがペナルティエリアに入った場合は適用することができません。

2019 Rule **OBや紛失球でも、前打地点に戻らなくてよい**

● ◎ルール改正の主旨……本書はビギナー向けに、②の救済ローカルルールを適用する前提で構成されています。◎プロゴルフやアマチュアの競技ゴルフでの紛失球やOBの処置は①のみで、②は採用されていません。

ホール

ラフ

見つからない

フェアウェイ

2罰打

2クラブレングス

Y　X

OB　　ラフ

25 ボールがOBになったらどうする？

1罰打 前打地点から打ち直し　　**2罰打** フェアウェイにドロップ

ボールがOB＝アウトオブバウンズになった場合、選択肢は2つ。

①は、「紛失球」と同じ。1罰打を受け、前打地点に戻って救済エリアから打ち直しです（➡P161）。

②は、2罰打を受け、ボールYがOBの境界を横切った地点に最も近い（ホールに近づかない）フェアウェイの、2クラブレングス（オレンジの点線ライン）以内にドロップしてプレー。

● 救済エリアを計測するクラブは、プレーヤーが持っている14本のクラブのうち、パター以外で最も長いクラブ＝ドライバーの長さを1クラブレングスにすると定義されました。

26 探していたボールが 見つかったが、3分以上たっていた

1罰打 前打地点から 打ち直し

2罰打 フェアウェイに ドロップ

ラフに打ち込んだボールを探したが、やっと見つかったときは3分以上たっていた……。

探し始めて3分間を過ぎたら、そのボールは紛失球となり選択肢は2つ。

①1罰打を受け、直前にプレーした場所に戻って打ち直せます。

②2罰打を受け、ボールが紛失したと思われる地点に最も近い（ホールに近づかない）フェアウェイの2クラブ以内にドロップして打てます（➡P58〜59）。

3分を経過したボールはインプレーではなくなり、そのボールをプレーすると「誤球」で2罰打を受けます。訂正しないで次のホールでプレーすると失格となります（➡P101）。

2023年の改訂で、遠くでボールが（だれかに）3分以内に見つけられた場合、そこに確認に向かうのに必要な時間がプラス「1分間」と決められました。

New Rule ボール探しは3分間だが、確認に行く時間がプラス1分

27 自分のボールか確認するため、草を少しかき分けた

ボールを探しているとき、ラフで見つけたボールが自分のものか確認するために、フェアに草や生長物を動かしたり、曲げたりすることができます。

また、ボールの捜索や確認中にうっかりボールを動かしてしまった場合でも、罰はありません。動いたボールは、元の位置にリプレースします。拾い上げてボールを確認する際は、必要以上に拭くことはできないので注意しましょう。

罰なし ▶ そのままプレー

Check The Rule 自分のボールに名前を書いておこう

プレーヤーは、自分のボールを確認する責任があります。ボールに名前やマークを記入し、「マイボール」とわかるようにしておきましょう。

マイネーム イニシャル

28 ラフで自分のボールを捜索中、うっかり打ってしまった

罰なし ▶ **リプレース**

　ボールを探しているとき、クラブが隠れていたボールに偶然触れたり、蹴ってしまうことがありますが、ボールの捜索中にうっかりボールを打っても罰は受けません。

「ボール探し」と「ボールの確認中」に限定して、偶然ボールを動かした罰がなくなりました。動いたボールは、元の地点にリプレースします（➡P105、113）。元の地点がわからないときは、「推定して」リプレースします。リプレースしないでプレーをすると、一般の罰＝2罰打を受けます（➡P65）。

2019 Rule
ボールの捜索中に、偶然ボールを動かしても罰がつかなくなった

プレー以外でボールに触れたり動かすと1罰打の原則は変わらないが、「ボール探し」と「ボール確認」のとき、偶然ボールを動かした罰がなくなった。

29　ラフで仲間のボールを、マイキャディーがうっかり蹴ってしまった

アッ！

私のあった〜？

罰なし ▶ **リプレース**

　ボールを探しているとき、キャディーや他の人がボールを動かしても、だれにも罰はつきません。ボールは元の地点にリプレースします。元の地点がわからないときは、「推定して」リプレースしてプレーを続けますが、リプレースしないでプレーをすると、一般の罰＝2罰打を受けます。

30　探していたボールが踏まれてラフに埋まった

罰なし ▶ **リプレース**

　ボールが仲間に踏まれて、なんと地面に深く埋まってしまった……。
　「外的影響（➡P74）」で、だれにもペナルティはなく、原状復帰で、穴の真後ろにリプレースします。ボールは拭くことができます。

そのボール！

ギュー

31 ボールの後ろにクラブを 合わせたらボールが揺れた

罰なし → そのままプレー

おっと 触っちゃった

ん？

スタンスを決め、ボールの後ろにクラブを合わせようとしたときうっかりボールに触れたら、わずかに揺れた……。

このケースは、止まっているボールが移動して別の場所に止まったわけではないので、「動いていない」ものとみなされ、罰はありません。

Check The Rule

ボールが動く、動かされる

Move or Moved

ゴルフはボールを打って＝動かしていくゲーム。問題なのは、ストロークしてないのにボールが動いたり動かされた場合です。定義では、「止まっているボールが目に見えて別の場所に止まった」ときボールは「動いた」とされ、それは上下、水平どの方向でも同じ。揺れているだけでは「動いていない」とされます。

そして、ボールが動く主な原因は、①プレーヤー本人かキャディー、②風や水や重力などの自然の力、③外的影響（➡P74）、のいずれか。原因が①か③ということが「わかっているか事実上確実」でないときは、「自然の力」がボールを動かしたものとみなします。

● スタンスとは？……ボールを打つときの足と体の位置のこと。ストロークするために足の位置を決めたとき、「スタンスをとった」といいます。

ソールしたらボールが動いた

スタンスをとり、クラブをボールの後ろに置いたら、
止まっていたボールが動いた。

止まっているボールが動いた場合、①プレーヤー本人、②風や水や重力などの自然の力、③外的影響（➡P74）のどれかが原因とされます。①のプレーヤー本人（またはキャディー）が原因の場合は、1罰打を受けボールはリプレースします。

1罰打 ▶ ①リプレース

②の自然の力が原因でボールが動いたときは罰なしで、ボールが止まった位置からそのままプレーになります。

罰なし ②そのままプレー

③の外的影響が原因の場合は、罰なしでリプレースします（➡P63）。

①か③のどちらが原因か「確実にわからない」ときは、②の「自然の力」がボールを動かしたものとみなします。

Check The Rule 「一般の罰」とは

　ゴルフの罰で、「一般の罰＝2罰打」というのがあります。例をあげると、「自分のボールを蹴って＝動かしてしまった」場合、その後の正しい処置＝リプレースをすれば、動かした1罰打だけを受けます。しかし、処置を怠り、リプレースしないでプレーすると「一般の罰」となり、2罰打を受けます。この場合、ボールを動かした罰は追加されません。

● 外的影響……プレーヤーの「ボールや用具、ラウンド」に影響を及ぼす、「すべての人間、すべての動物、すべての自然物や人工物」のこと。ただし、「プレーヤー本人とそのキャディー」と「風や水などの自然の力」を除きます（➡P74）。

33 斜面で動きだしたボールを クラブで止めた

1罰打 ▶ **リプレース**

スタンスをとったらボールが動き、クラブにくっついた……。止まっている「ボールが動いた」件は、プレーヤーが原因ならば1罰打を受け、ボールはリプレースです。「クラブで偶然止めた」件は、最初の動きに関連するので、罰はありません。

罰なし ▶ **止めた地点からプレー**

プレーヤーに原因がなく、「自然の力」で動きだしたボールを自分のクラブで偶然止めてしまった場合、ペナルティは受けません。そして、そのクラブをとり除いた結果、ボールが止まっていればその地点からプレーします。

ボールが動いた場合は、ボールを止めた地点にリプレースしなければなりません。そのままプレーすると、「一般の罰」＝2罰打を受けるので注意。

● 斜面のボールが転がってOB区域に……。スタンスをとったらボールが動きだし、転がってOBに入った！ プレーヤーが近づいたことが原因の場合はOBにはならず、1罰打でボールはリプレース。重力や風が原因の場合は、OBになります。

34 小枝をとり除いたらボールが動いた

ボールが動いた原因がプレーヤーにあれば、1罰打を受け、ボールはリプレースします。原因がプレーヤーになければ、ボールはそのままプレー。

1罰打 ▶ リプレース

小枝や枯れ葉は「分離した自然物＝ルースインペディメント」なので、コース上のどこでもとり除くことができますが、その際、うっかりボールを動かしてしまうと、ペナルティを科せられるので注意（➡P77）。

ただし、パッティンググリーン上に限り、ルースインペディメントをとり除く際にボールを動かしても罰はありません。ボールはリプレースします。

35 鉛筆をとり除いたらボールが動いた

罰なし ▶ リプレース

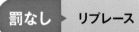

地面に落ちていたスコア記入用鉛筆に、ボールが止まった……。鉛筆やティー、タバコの吸いがらは「動かせる障害物」なので、コース上のどこでもとり除くことができます。とり除く際、うっかりボールを動かしても罰はなく、ボールはリプレースすればOK（➡P85）。前問の「ルースインペディメント」と混同しないように覚えておきましょう。

36 汚れた自分のボールを勝手に拾い上げて拭いた

1罰打 ▶ リプレース

インプレーのボールを勝手に拾い上げることはできません。違反で1罰打を受け、ボールを元の地点にリプレースします。

規則では、ボールを拾い上げると1罰打、マークしないと1罰打、ボールを拭いた場合も1罰打と合計で3罰打なのですが、一連の動作による「罰の重複免除」のため、トータルで1罰打となります（➡P117）。

Check The Rule　同時に2つ以上の違反をしたとき **New Rule**

プレーヤーが違反に気づかず規則に違反した後、そのボールをプレーする際に同じまたは別の規則に違反した場合、そのプレーヤーは（より重いほうの）罰を1つだけ受けます（罰の重複の免除➡P117）。

ただし、イラストのケースで、ストロークする前に「規則違反に気づいた」場合、その後に規則違反があったときは、2つの1罰打（合計2罰打）を受けます。

● 会社コンペなどでは「フェアウェイ・オール6インチ・プレース」という、6インチ以内ならボールを移動させてもいいというローカルルールが採用されることがありますが、これに慣れて、むやみにボールを動かしたり拾い上げる習慣をつけないこと。「インプレーのボールを拾い上げてはならない」がゴルフの鉄則と覚えておきましょう。

37　汚れたボールを自分のものか確認したい

泥だらけ

確認ね

告知は？

チョイフキ

マーク

ボールが泥だらけで番号や識別マークが見えないときは、確認のため、罰なしでマークして拾い上げることができます。確認のときボールを必要以上に拭くと、1罰打になるので注意。自分のボールか確認したらリプレースします。

罰なし　確認してリプレース

ボールの確認で拾い上げる際の告知や立ち会いは不要になりました。

2019 Rule　ボールの確認で拾い上げるとき仲間への告知は不要

38　ボールを回して確認した

オレのだ

クルッ

1罰打　そのままプレー

自分のボールかどうか確認するため、その場でボールを少し回して確認した……。裏側の識別マークをちょっと見るだけだからといって、マークしないでボールを回すと1罰打になります。ボールに触れる前には、必ずマークしなければなりません。

リプレースしなければならない ボールをドロップしてプレーした

1罰打 →そのままプレー

「間違って」ボールを拾い上げたり、うっかりインプレーのボールを動かしてしまったときの正しい処置は、ドロップ（➡P90）ではなく、元の地点にリプレースです。このドロップは、間違った方法でリプレースされたことになり、誤りを訂正しないでプレーしたときは1罰打を受けます。

これとは反対に、救済で規則にしたがって拾い上げたボールの処置はドロップですが、うっかりプレースしたり、救済エリア外にドロップしてプレーすると、2罰打を受けます。

この場合は、ストローク前に気づいて正しい方法でドロップし直せば、罰は科せられません。

● 誤りを訂正する……インプレーのボールを、①誤所に、②間違った方法で、③手続き違反で、リプレース、ドロップ、プレースした場合でも、プレー前なら罰なしでボールを拾い上げ、誤りを訂正することができます。

Check The Rule マーク／リプレース／プレース それぞれの意味

マーク

①ボールマーカーをボールの真後ろや、すぐ近くに置くこと。
②クラブをボールの真後ろや、すぐ近くに留め置くこと（➡P144）。

●マークは、ボールを拾い上げるとき、ボールを元の地点に正確にリプレースするための目印です。ボールマーカーは、コース専用のマーカーやコイン、ティーなどを使います。
●ボールマーカーを残したままストロークすると、違反で1罰打（➡P155）。
●救済でボールを拾い上げるときは、（マークは必須ではありませんが）マークすることをおすすめします（➡P89）。

リプレース

ボールをインプレーにする意図で、〈同じ〉ボールを〈元の〉地面に置くこと（➡P91）。

プレース

ボールを置くこと。救済で2回リプレース（ドロップ）したがボールが救済エリア外に行ったときは、2回目のボールをリプレース（ドロップ）した地点に、ボールを「プレース」します（➡P87、91）。

マークの方法

マーカーはボールの真後ろ（や直近）に置きます。

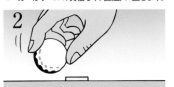

ボールを拾い上げます。拾い上げるとき、ボールやマーカーが動いても罰なしでリプレースします。

ボールを置くときは、マーカーのすぐ前に置きます。

マーカーを必ずピックアップしてからストロークしましょう。

40 木に当たったボールが
はね返って自分に当たった

罰なし ➤ そのままプレー

打ったボールが自分や他の人やその用具、動物やコース上にある用具に偶然当たった……。動いているボールが何かに止められたことになりますが、だれにも罰はなく、ボールは止まったところからプレーします。

（例外／グリーン上で打ったボールがグリーン上のだれかの「ボール」に当たった場合、当てたプレーヤーに２罰打が科せられます➡P156）。

2019 Rule **ボールが偶然プレーヤーやキャディー、用具に当たっても罰はつかない**

41 打ったボールが仲間に当たった

突然シャンクしたボールが、前方の林でボールを探している仲間に当たった……。打ったボールが偶然人に当たった場合はだれにも罰はなく、ボールは止まったところからプレーします（シャンク➡P166）。

罰なし　そのままプレー

【注】人に当たった場合はケガの有無を確認し、緊急の場合はプレーを中断して対処すること。

---

42 打ったボールがカートに当たった

打ったボールがカート（外的影響➡P74）に偶然当たっても、だれにも罰はなく、ボールは止まったところからそのままプレーします。

ボールがカートにのってしまったときは、ボールの真下地点を基点に、1クラブレングス以内にドロップします。

罰なし　そのままプレー

ホールに近づかない、

43 打ったボールが作業車に当たってOB?

ＯＢになります。作業車やカートなど（外的影響）にボールが当たった場合は、罰なしでボールが止まったところからプレー。

しかし、この場合は止まったところがＯＢなので、ＯＢの処置をとることになります。すなわち、①1罰打で前打地点から打ち直し。または ②2罰打で、ボールがＯＢの境界を横切った地点の横のフェアウェイの2クラブ以内にドロップして打ち直し（➡P59）。

1罰打 前打地点から打ち直し

2罰打 フェアウェイにドロップ

Check The Rule 外的影響 Outside Influence

外的影響とは、プレーヤーの「ボールや用具、ラウンド」に影響を及ぼす「すべての人間、すべての動物、すべての自然物や人工物」のこと。ただし「プレーヤー自身とそのキャディー」と「自然の力＝風や水や重力など」を除きます。

「すべての自然物や人工物」とは、「芝や草、木や森や池、杭やレーキ、スプリンクラーや下水溝、道路やハウス、動いているだれかのボールなど」で、「プレーヤーのクラブやキャディーバッグ、パラソル、ペットボトルなどの用具も含む」すべてです。

プレーヤー本人

風や水
自然の力

キャディー

44 打ったボールが、仲間のボールに当たりバンカーに

広いフェアウェイでも、ボールとボールがぶつかることがあります。この場合どちらにも罰はありません。当てたほうのボールはそのままで、当てられたほうのボールはバンカーから元の位置にできるだけ近い地点にリプレースします。元の位置が不確かなときは、推定してリプレースします。

罰なし 当てたほうは そのままプレー

---

45 2人同時に打ったボールが当たった

ジェネラルエリアで、動いているボールが、動いているボールに当たった場合、プレーヤーは2人とも罰なしで、ボールがぶつかって止まった「あるがままの状態」でプレーを続けます。どちらが先に打ったかは関係ありません。

罰なし 2人とも そのままプレー

46 ボールにへばりついた芝カスをとり除いた

1罰打 ➡ そのままプレー

目ざわり

チョイ

連日の雨でコースがぬれている。ボールにへばりついた芝カスが目ざわりなので、ボールに触らず、つまみとってプレーした……。

芝カスは通常はルースインペディメントですが、ボールに付着しているものは除かれます。ぬれてボールにくっついている芝カスをとり除くと、1罰打を受けます。

47 リプレースする前に、ボールの下にあった枯れ葉をとり除いた

1罰打 ➡ そのままプレー

枯れ葉などのルースインペディメントは、どこでも罰なしにとり除けますが、そのときボールが動くと（グリーン上以外では）1罰打を受け、ボールはリプレースです。

リプレースする前に、「ボールが止まっているときに動かすと、ボールが動いた原因になる」枯れ葉を故意にとり除くと1罰打を受けます。枯れ葉をとり除きたいときは、ボールを拾い上げる前か、リプレースした後でとり除けば罰はありません。すなわち、ボール周辺の枯れ葉はとり除けますが、ボールの真下にある枯れ葉は（罰なしでは）とり除けないのです。

Check The Rule　ルースインペディメント Loose Impediments

　ルースインペディメントとは「分離した自然物」のこと。石、木の葉、松かさ、木の枝、分離した草、動物の死骸やふん、虫や、虫類が地上に吐き・かき出したもの、アリ塚やクモの巣などです。

　固定されているもの、生長しているもの、かたく地面にくい込んでいるもの、ボールに付着しているものは除きます。バラバラの土や砂、露、霜、水は、ルースインペディメントではありません。

ルースインペディメント

木の枝

木の葉　　松かさ

小石　　動物のふん　　虫　　動物の死骸

ルースインペディメントではない

固定した岩　　バラバラの土や砂　　付着物

霜や露

　ルースインペディメントは、コース上やコース外のどこにあっても罰なしに、自由な方法でとり除くことができます。しかし、ルースインペディメントをとり除くときボールが動くと、1罰打を受けます。ボールはリプレースします。

　ただし、グリーン上とティーイングエリアに限り、ルースインペディメントをとり除くときボールやボールマーカーが動いても、罰なしでリプレースできます。

48 OBの白杭が邪魔だから抜いた

2罰打 **プレー前に戻せば罰は免除される**

　ボールがOB杭のすぐ横に止まっている。白杭が邪魔なので抜いたが……。OBの境界を定める人工物＝OB杭やOBのフェンスは「境界物」といい、罰なしの救済はありません。OBの白杭は、黄杭や赤杭＝障害物とは違うので、抜くのも動かすのもやってはダメ！　抜いてプレーすると、「意図するスタンス区域、ライの改善」の違反となり、2罰打を受けます。

　ただし、境界物の白杭は、とり除いたり動かして角度を変えた場合、プレー前に元に戻せば罰は免除されます。しかし、破壊するなどして「元に戻せない」場合は、「一般の罰」の2罰打が科せられます。

2019 Rule **OB杭は動かしてはならないが、プレー前に元に戻せば罰はない**

● グリーンまでの残りの距離、100ヤードや150ヤードを表示する「ヤーデージ杭」は「動かせる障害物」なので、救済が受けられます（➡P85）。プレー前に抜いてもOKですが、打ち終わったら必ず元の状態に戻すこと。

Check The Rule

杷の色の意味がわかれば処置はカンタン！

4色の杷

黄杷

イエローペナルティエリア

ボールが入ったら、**1罰打**で救済されるエリア。2019年ルール改正で、池、海、小川、排水溝などの区域に、雑木林やブッシュ、砂漠や溶岩地が加わりました。救済には2つの選択肢あり（➡P128）。

⭘ **杷は動かせる**

赤杷

レッドペナルティエリア

ボールが入ったら、**1罰打**で救済されるエリア。2019年ルール改正で、イエローペナルティエリア救済の2つの選択肢に、「ラテラル」の2クラブレングス救済エリアがプラスされました（➡P129）。

⚫ **杷は動かせる**

青杷

修理地

芝の張りかえや養生中の場所で、プレー禁止。（青）杷または白線で囲まれているエリアで、**罰なし**で救済を受けることができます。積まれた芝草も修理地になります（➡P93〜94）。

⚫ **杷は動かせる**

白杷

OB（アウトオブバウンズ）

コースの境界の外側のエリアで、ボールが入ったらプレーは禁止。**1罰打**で元の地点から打ち直しか、**2罰打**でフェアウェイからプレーできます。白杷は「境界物」です（➡左ページ、P58〜59）。

❌ **杷は動かせない**

49 カート道にボールが止まった。どうすればいい？

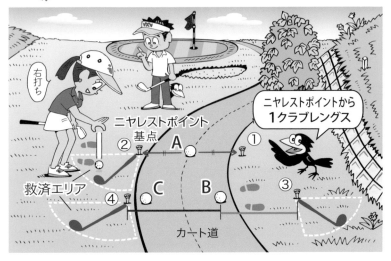

罰なし 救済を受けてドロップ

カート道は「動かせない障害物」です（➡P85）。ボールがカート道に止まったり、スタンスがカート道にかかるときは、罰なしで救済が受けられます。

カート道にボールが止まったとき、完全な救済のニヤレストポイント＝基点の候補は必ず２つあり、注意すべきは、「ボールを打てる」最も近い点だということ。ボールBの場合なら右側の③、ボールCなら左側④のほうが、元の位置に近い基点です。中央のボールAの場合は、①②が左右等距離に見えますが、スタンスを考えると、左側の②が基点になることがわかります。ここから１クラブレングス以内の「救済エリア」にドロップします。ボールは交換できます。

ドロップされたボールは、基点と同じジェネラルエリア内で、基点よりホールに近づかず、救済エリア内に止まったボールがインプレーになります。

2019 Rule 救済を受けるときはいつでもボールをとりかえられる

Check The Rule 完全な救済のニヤレストポイントの正しい見つけ方

Case 1

「ボールから近いところ」ではない

気軽に横の芝生に出してはダメ!　道幅やスタンスを考えて決める

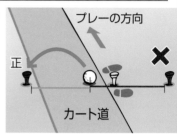

❶罰なしでボールを拾い上げ、ホールに近づかず、その障害を避けてクラブが振れる、元のボールに最も近い地点に、「完全な救済のニヤレストポイント＝基点」を決めます。

❷基点と同じ（ジェネラル）エリア内で、基点から1クラブ以内で、基点よりホールに近づかない、救済エリアにボールをドロップします。

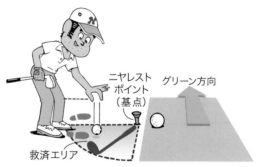

Case 2

片側が斜面のとき

イヤだからといって、勝手に反対側に出すのはルール違反

カート道はフェアウェイの端にあり、片側が斜面の場合も多い。たとえ急斜面でスタンスがとりにくくても、ルール上のニヤレストポイントは斜面側となります。反対側はダメ!

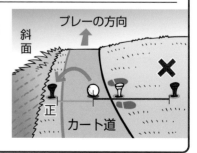

● ニヤレストポイント（基点）から1〜2クラブレングスの救済エリアを決めるクラブは、自分の持っているクラブで最も長いクラブ＝ドライバーを使います。

50 立木の支柱にボールが止まった

傾斜のあるラフに打ち込み、転がってきたボールが立木の支柱に寄り添って止まった。支柱が邪魔で打てない。
どこにドロップすればいい？

罰なし 救済を受けてドロップ

立木の支柱は「動かせない障害物」なので、救済が受けられます。まず、次に使うクラブを持ち、支柱を避けてクラブを振れる場所におよそのスタンス位置を決めます。そして元のボールの位置から、ホールに近づかず、障害を避けられる最も近い地点に「救済のニヤレストポイント」を決め、（ティーなどでマークをして）そこから1クラブレングス以内の救済エリアにドロップします。

ニヤレストポイントを決めて、救済エリアにドロップ

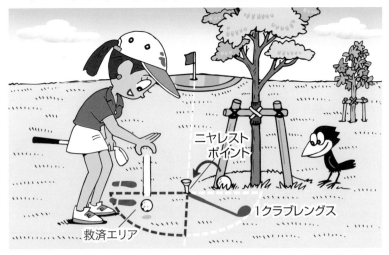

ニヤレストポイント

1クラブレングス

救済エリア

51 ボールは木の根元で打てないが、木の支柱がある

罰なし そのままプレー

1罰打 アンプレヤブルの処置

　「支柱があるからスタンスできない、1クラブレングスの救済だ。ラッキー！」と、自分に有利な救済はダメ！　支柱＝動かせない障害物がなかったとしても、明らかにストロークすることができない場合は救済されないのです。したがって、この場合は罰なしでそのまま打つか、1罰打でアンプレヤブルの処置をとるしかありません（➡P96〜99、105）。

● 救済の完了……正しい方法で（プレーヤー自身がヒザの高さから真下に）ドロップし、救済エリア内にボールが止まったとき、救済が完了したことになります。

52 排水溝にボールが入った

フェアウェイは、両側が低い馬の背で、コースに平行してU字排水溝が配置されている。水のない排水溝だが、「動かせない障害物」の救済を受けてプレーした。

罰なし ▶ **救済のドロップ**

U字排水溝は水域ですが、鉄格子の排水口などと同様に「動かせない障害物」で救済されます。ジェネラルエリアでボールが排水溝に入った場合は、罰なしでボールを拾い上げ、ホールに近づかず、その障害物を避けてクラブが振れる元のボールに最も近い地点に基点を求め、目印のティーを刺します。そこから1クラブレングス以内で、基点よりホールに近づかない、救済エリアにボールをドロップします。

ニヤレスト
ポイント

Check The Rule

障害物　Obstructions

障害物とは、人工物で、「動かせる障害物」と「動かせない障害物」に分けられます。常識的な労力で、その障害物やコースを「傷つけず」に「動かすことができる」ものは、「動かせる障害物」。それ以外は、「動かせない障害物」になります。

● 動かせる障害物　罰なしにとり除くことができる

動かせる障害物は、コース上やコース外のどこにあってもペナルティなしでとり除くことができ、その方法は自由です。とり除くときにボールが動いても罰はなく、そのボールはリプレースされなければなりません。

ボールが障害物の上や中にあるときは、ボールを

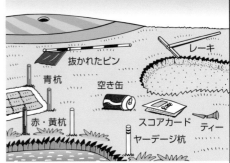

拾い上げ、そのボールの真下地点を基点にして1クラブレングスの「救済エリア」にドロップ（グリーンはプレース）して、罰なしの救済を受けることができます。拾い上げたボールは拭くことができます。

● 動かせない障害物　スタンスやスイングの妨げになるときは罰なしに救済される

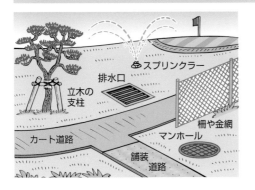

53 斜面でドロップしたボールが 2回やっても止まらない

罰なし ▶ **プレース**

救済の場合は、ドロップしたボールは必ず「救済エリア」の中に止まらなければなりません（➡P90）。ヒザの高さからドロップしたが、斜面が急すぎて、2回ドロップしても止まらない……。ドロップは2回までなので、2回目のボールが落ちた地点で、ホールに近づかないところにボールを置けば=プレースすればOKです（➡P71）。

プレースして止まらないときは、再プレースします。2回目のプレースで止まらないときは、ホールに近づかず、ボールが止まる最も近い地点にプレースします。

> ### 2019 Rule ドロップは、肩の高さから ヒザの高さからになった

● ドロップを3回した……ヒザの高さからのドロップは2回までなので、3回やって止まったボールをプレーすると「誤所からのプレー」で2罰打を受けます。

54 ドロップしたボールがエリア外に止まった

スプリンクラーは「動かせない障害物」なので、罰なしの救済を受け、救済のニヤレストポイントから左右1クラブレングスの「救済エリア」にドロップしたところ、ボールが転がってエリア外に止まった……。

この場合は再ドロップして、救済エリアにボールが止まればそのままプレー。2回目もエリア外で止まったときは、2回目のドロップが落ちた地点で、ホールに近づかないところにボールをプレースして、プレーします。

罰なし ▶ **再ドロップ**

2019 Rule
①ドロップ → ②再ドロップ →
③プレース → ④再プレース →
⑤止まるところにプレースする

● ボールの交換……ドロップを要する救済を受けるときは、（罰あり罰なしに関係なく）いつでも別のボールに交換することができます。

55 ドロップしたら足に当たった

罰なし そのままプレー

　ドロップしたらボールが転がって、プレーヤーの足に当たった……。ボールが地面に落ちた後、偶然プレーヤーの体や用具に当たり、ボールが救済エリア内で止まった場合は、ボールが止まった位置でインプレーになり、罰なしでそのままプレーとなります（➡P90）。

　ボールが地面に落ちる前に、プレーヤーの体や用具に直接当たった場合は、「間違ったドロップ」なので、2回のドロップの回数に含まれず、当たらなくなるまで（何回でも）ドロップできます。

> **2019 Rule** ドロップした後、偶然何かに当たっても、止まった位置でインプレー

● ボールマーカー……「マーカー」はボールを元の地点にリプレースする目印などに使いますが、グリーン以外でマークするときは、抜きさししやすい「ティー」がおすすめ。

56 マークしないでボールを 拾い上げてドロップした

罰なし ＞そのままプレー

　立木の支柱からの救済で、ボールを適当に拾い上げ、マークもしないでドロップした……。ドライバーが現場になかったので、ドライバーでの計測を省略したわけですが、プレーヤーが（ドライバーの長さをしっかり認識して）誠実に1クラブレングス以内の救済エリアにドロップし、明らかにボールがエリア内に止まっていれば問題ありません。

　また、ニヤレストポイント＝基点のマークは、リプレースを要する場合には必要ですが、このケースでは（マークしてもOKですが）必須とはされません。近辺の色の変わった草などを目印にしても大丈夫です。

2019 Rule 救済エリアを計測する クラブはドライバー

Check The Rule

ドロップの正しい方法

「ヒザの高さ」からドロップする

ドロップは、ボールをインプレーにする意図のもとに、ヒザの高さからボールを離さなければなりません。かつ次の3要件を満たすことが必要です。

> ①プレーヤー自身が行う。
> ②ボールは「ヒザの高さ」から真下に、プレーヤーの体や用具に触れずに地面にドロップする。
> ③ボールは救済エリアの中にドロップし、止まること。

ヒザの高さ

救済エリア

救済エリアに止まったボールがインプレーになる

●ボールを真っすぐに落とすこと。ボールを投げたり、回転させたり、転がしてはなりません。

●ボールが地面に落ちる前に、プレーヤーやそのキャディー、用具＝クラブやキャディーバッグに当たらないこと。ボールがコース上に落ちる前に、それらに触れたときは、触れなくなるまで立ち位置などを変えて再ドロップができます。

●正しい方法でドロップしたボールは、地面に落ちる前に何にも触れなければ、地面に落ちた後は人や物に触れても問題なく、救済エリア内にボールが止まったとき救済は完了します。

間違ったドロップをした場合

ドロップ1回、再ドロップ1回、だめならプレース

　プレーヤーが左ページの3要件に違反して「間違ったドロップ」をした場合、正しい方法で再びドロップしなければならず、これには回数の制限はありません。

「間違ったドロップ」を訂正するドロップの回数は、「2回のドロップ→プレース」には含まれません。「間違った方法」でドロップしたボールを訂正しないでプレーした場合、ボールが救済エリア内だったときは1罰打。エリア外だったり、（ドロップすべきなのに）間違えてプレースでプレーすると、一般の罰（2罰打）を受けます。

①ドロップ　→　②再ドロップ　→　③プレース
→　④再プレース　→　⑤止まるところにプレースする

●ボールが救済エリア外に止まった場合、2回目のドロップをします。ボールが再度エリア外のときは、そのボールが最初に地面に触れた地点にプレースします。プレースしたボールが止まらない場合は、2回目のプレースをします。それでも止まらない場合は、ボールが止まる最も近い地点にプレースします。

Check The Rule
リプレースの正しい方法

　「リプレース」とは、ボールをインプレーにする意図を持って〈同じ〉ボールを〈元の〉地面に置くこと。
●リプレースしようとして、ボールが止まらなかったときは、再リプレースします。2回目のリプレースでボールが止まらなかったときは、そのボールが止まる最も近い地点にボールを置くことで「リプレース」とします。

57 ボールがフェアウェイの 水たまりの中に止まった

こりゃダメだ〜！

罰なし ▶ 異常なコース状態 からの救済

コース上の一時的な水たまりは「異常なコース状態」で、救済が受けられます（➡P94〜95）。ボールを罰なしで拾い上げ、ホールに近づかない、救済のニヤレストポイントから1クラブレングス以内の「救済エリア」にドロップできます。救済を受けずに、あるがままの状態でプレーしてもOK。ボールは交換できます。

---

58 ぬかるみにボールがはまったので、 救済のドロップをした

グチャグチャなんで 救済しま〜す！

ベトベト じゃん

1罰打 ▶ リプレース

ハネが飛ぶくらい水分の多いベトベトの地面でも、水たまりがないと一時的な水たまりにはならず、救済は受けられず、そのままプレーするしかありません。

間違った拾い上げは、訂正してリプレースすれば（ボールを動かした）1罰打だけですみますが、ドロップしたボールをそのままプレーすると、一般の罰（2罰打）を受けます。

59 修理地の白線上にボールが止まった

白線は「修理地＝異常なコース状態」に含まれ、これに触れているボールは、修理地内のボールで罰なしで救済が受けられます（➡P94）。

あるがままに打ちたい気持ちもありますが、修理地保護のため、ローカルルールでプレーを禁止している場合が多い。白線の場合は、スタンスが白線にかかっても違反の2罰打を受けるので、注意が必要です。

罰なし　異常なコース状態からの救済

救済を受ける場合は、ホールに近づかず、その障害を避けてクラブが振れ、元のボールに最も近いニヤレストポイント＝基点を決め、そこから1クラブレングス以内の「救済エリア」にドロップします。

---

60 ボールがモグラの穴の近くに止まった

罰なし　異常なコース状態からの救済

あるがままにプレーしてもよいが、モグラなどの動物の穴は、「異常なコース状態」による障害として救済が受けられます（➡P95）。障害を避けて打てるところから1クラブレングス以内で、ホールに近づかず、同じジェネラルエリア内にドロップします。

ただし「不合理なスタンスやプレー方向」をとることによって、障害をつくるような救済の拡大解釈は認められません。

Check The Rule 異常なコース状態 Abnormal Course Conditions

「異常なコース状態」とは、①一時的な水、②修理地、③動物の穴、④動かせない障害物、の4つの状態のこと。

●ボールが異常なコース状態に触れている、またはその中にある。●異常なコース状態がスタンスや意図するスイングの障害になる。これらの場合は、罰なしでドロップの救済が受けられます。●グリーン上に限り、プレーの線上に異常なコース状態がある場合は、罰なしで救済が受けられます。元のボールか別のボールを、救済のニヤレストポイントにプレースします。

①一時的な水

スタンスをとる前やとったあとに見える、コース上の一時的な水たまりのこと。ペナルティエリア内の水や、露や霜は一時的な水ではありません。雪と自然の氷は、プレーヤーは一時的な水、またはルースインペディメントの救済が選択できます（➡P77、92、158）。

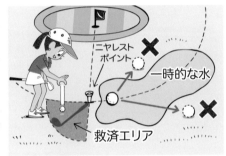

②修理地

青杭や白線で表示されている箇所。修理地内のすべての地面と草やかん木、樹木は修理地に含まれ、これに触れているボールは修理地内のボールになります。白線上は修理地内、青杭は修理地の内側に立っています。後で移動するために積まれた芝草や枝木は、修理地に含まれます（➡P93）。

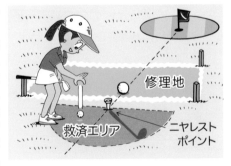

③動物の穴

人間以外の動物が地面に掘った穴。すなわち、哺乳類、鳥類、は虫類、両生類などが掘ったコース上の穴で、掘り出したりかき出した土や通り道、盛り上がった地面、その穴に通じるけもの道や痕跡も含まれます。ただし、ルースインペディメントのミミズや昆虫の穴は除きます（➡P77、93）。

ニヤレストポイント

動物の穴

救済エリア

④動かせない障害物

動かすのに大変な労力が必要で、障害物やコースを壊さないと動かせない人工物。カート道路やフェンス、排水口やスプリンクラー、立木の支柱や避難所、トイレなど（➡P85）。

異常なコース状態からの救済

ボールがペナルティエリア以外のコース上にある場合、それぞれのエリアで救済が受けられます。ボールはかえられます。

● **ジェネラルエリアのボールの救済**
同じエリア内の基点から、ホールに近づかない、1クラブレングス以内の「救済エリア」に（罰なしで）ドロップできます。「異常なコース状態」からの完全救済であること。

● **バンカーのボールの救済**
同様に、バンカー内に救済エリアを求め、ドロップします。ただし、バンカーの場合は、1罰打でバンカー外に出してドロップできる、追加の選択肢があります（➡P126）。

● **パッティンググリーンのボールの救済**
同様に、グリーン上に救済エリアを求めプレースします。

61 木の根元に止まって打てない

無理してケガするより思い切ってアンプレ！

プレーヤーは、（ペナルティエリア以外では）いつでもどこででも、自由にアンプレヤブルのボールの救済を受けることができます。ただし、下のCHOICE②と③は、元のボールの所在確認が必要。拾い上げたボールは、交換したり、拭くことができます。CHOICE①〜③の選択肢の中で、自分が打ちやすいと思う地点からプレーすることができます。CHOICE③の基点はニヤレストポイントではなく、ボールから2クラブレングス以内の「救済エリア」なので注意。図解は右ページ。

1罰打 ▶ **3つの選択肢から選ぶ**

バンカー内で②、③を選ぶときは、バンカー内にドロップですが、2罰打を受けバンカー外にドロップできるルールが追加されました（バンカーのアンプレヤブル➡P124〜125）。

CHOICE **1**

前打地点に戻って、別のボールを救済エリアにドロップできる。前位置がティーエリアだったらティーアップできる。

CHOICE **2** New Rule

ホールとボールを結ぶ後方線上にドロップし、どの方向にも1クラブ以内にボールが止まれば救済完了。得意距離まで戻れる。

CHOICE **3**

〈ラテラル救済〉ボールから2クラブレングスの救済エリアにドロップできる。ボールよりホールに近づくのはNG。

Check The Rule　アンプレヤブルの3つの選択肢

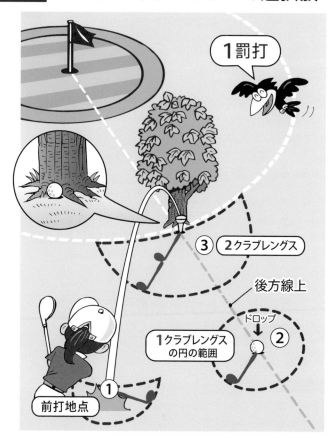

1罰打

③ 2クラブレングス

後方線上

ドロップ

1クラブレングスの円の範囲

②

前打地点

1 前打地点を基点とした救済エリアにドロップして打ち直し

2 ホールとボールを結ぶ後方線上にボールをドロップし、1クラブ以内の円の中に止まればOK

3 〈ラテラル救済〉ボールから2クラブの救済エリアにドロップ

62 ボールは木の根元にあるが、スタンスがカート道にかかる

罰なし ▶ そのままプレー

1罰打 ▶ アンプレヤブル

木の根の間にボールがはさまって打てないが、スタンスをとると足がカート道にかかるので、罰なしの救済を受けたいが……。

まず、木の根のボールに救済はありません。次にカート道については、ボールがプレーできる状態のときカート道にスタンスがかかる場合は、罰なしの救済が受けられますが、ボールが木の根元でプレーできないときは救済は受けられません。そのままプレーか、1罰打でアンプレヤブルの処置になります。

63 ボールを上からたたきつけたら軟弱な地面にめり込んだ

1罰打 ▶ アンプレヤブルの処置

このケースは、アンプレヤブルしかありません。ボールが落下して地面にくい込んだとき（ピッチマーク）は無罰で救済されますが、このボールは空中を飛んでいないので、その救済は受けられません（➡P99欄外）。混同しないよう注意しましょう。P96のCHOICE③「ボールから2クラブレングス以内にドロップ」が適用できます。

Check The Rule　アンプレヤブルの上手な使い方

Case 1　ティーショットが谷底
ティーアップして打つ

ティーショットが谷底に落ちたが、ボールは見えていてセーフ。でも、腰痛で谷の登り降りがつらかったり、打ち上げが苦手な人は、1罰打で前打位置のティーエリアに戻って打つのが得策。ティーエリアに限りティーアップできます。

あのボール
セーフ?!

Case 2　深いラフやブッシュ　New Rule
好きな距離で打つ

クラブを入れられないような、深いラフやブッシュにつかまった。ボールとホールを結んだ後方線上なら戻る距離は自由なので、打ちやすい距離まで下がって、基点から1クラブ以内の救済エリアにドロップして打つのが有利です。

後方線上

Case 3　木の根元
打てる場所に出して打つ

地面に根を張った大樹の根元や林の中でクラブが振れなかったり、低木の下にボールが入って打てない。そんな場合、打ちやすい場所がすぐ近くにあるなら、1罰打で基点＝ボールからホールに近づかない2クラブ以内にドロップして打ちましょう。

2クラブ

● 地面にくい込んだボール……ジェネラルエリアでストロークの結果、（空中を飛んで）ボールが地表より下にくい込んだ（＝ピッチマーク）場合は罰なしで救済されます。ボールの直後から1クラブ以内の救済エリアにドロップします。

64 **2度打ちって何罰打？**

ラフの斜面で打ったボールが空中にあるとき、
クラブヘッドがまた当たってしまった……。

罰なし そのままプレー

　　1ストローク中に、クラブが偶然ボール
に2回以上当たるのが「2度打ち」で、あ
るがままにプレーします。

　2度打ちは、旧ルールでは1罰打でしたが、偶然の不可抗力にペナルティを
科す必要はないとして、1回のストロークのみカウントして、罰なしになりました。

　これは2019年改正ルールの「打ったボールが自分や他の人やその用具、動物
や人工物に偶然当たっても罰はなく、ボールは止まったところからプレーする」と、
同じコンセプトです。

2019 Rule **2度打ちの罰が
なくなった**

65 OBのボールを打った

3罰打 ▶ OBの前打地点から打ち直し

　ボールがOBエリアに入ったのに、OB杭を見落として見つかったボールをプレーしてしまった……。OBのボールをプレーすると、「誤球」として2罰打になります。ただし、誤球のペナルティはこの2罰打だけで、誤球をストロークした回数はカウントされません。

　この場合プレーヤーは、誤球の2罰打にOBの1罰打を加え＝合計3罰打で、OBを打った前打地点に戻って、ボールを救済エリアにドロップして打てばOKです。前打地点がティーイングエリアならティーアップできます。

Check The Rule　誤球　Wrong Ball

　「誤球」とは、次の①②③以外のすべてのボールのことです。

　①プレーヤーのインプレーのボール、②プレーヤーの暫定球（➡P50）、③ストロークプレーで、ルールに基づいてプレーした第2のボール。
　したがって、次のものは「誤球」になります。
●他のプレーヤーのボール、●捨てられたボール、●練習ボール、●OBゾーンにあるボール、●紛失球、●拾い上げてまだインプレーになっていないボール。

● 誤球……誤球は訂正しないと失格になります。プレーヤーはいつでも「マイボール」に目印をつけ、1打ごとのチェックを怠ってはなりません。

66 打つ前にボールのすぐ後ろの芝を踏みつけた

2罰打 →そのままプレー

プレーの線を改善することはできません。ジェネラルエリアでスタンスをとるとき、クラブヘッドを地面にごく軽くつける＝ソールする程度は認められていますが、ボールのすぐ後ろを靴で踏みつけたり、クラブで芝をトントンと押さえつけるのは、「意図するスタンス・スイングの区域、プレーの線の改善」違反として2罰打を受けます。

またプレー前に、砂地のライや目土で盛り上がったライをクラブで押しつけるのもやはり、「プレーの線の改善」で2罰打となるのでダメ！

ボールの後ろを踏んだり、デコボコを直すことが認められているのはティーイングエリア上だけです。

67 練習スイングで木の葉を落とした

木の下でボールを打とうと、軽く練習スイングをしたら木の葉を数枚はたき落としてしまった……。イラストのように木の葉が大量に茂っているケースでは、木の葉が数枚落ちても「スイング区域の改善」とは認められないので、ペナルティはありません。

罰なし ▶そのままプレー

---

68 練習スイングで木の枝を折った

2罰打 ▶そのままプレー

ただし、練習スイングで木の葉が大量に落ちたり枝が折れたりした結果、スイングしやすくなった場合は、「スイング区域の改善」で2罰打を受けます。ちなみに本番のストロークでは、木の葉を落とし、枝を折っても罰を受けることはありません。

● ボールの位置が不確か……ボールを動かして、元の地点がわからなくなったり不確かなときは、推定して「リプレース」します。旧ルールの「ドロップ」から変更されました。リプレースしないでプレーをすると、2罰打を受けます。

69 OB側にある木の枝が 邪魔なので折ってプレーした

OBの
木の枝

ポキ

ボールはジェネラル
エリアにあるが、OB側
の木の枝が頭に当たり
スイングの妨げになる
ので、邪魔な枝を折っ
てプレーした……。

この場合、OBの内
外は関係ありません。
OBはプレーを許されて
いないコース外ですが、
スイングの邪魔になる

2罰打 ▶ そのままプレー

からと枝を折ると、「意図するスイング区
域の改善」の違反となり、2罰打を受け
ます。

---

70 後ずさりしてスタンスを とったら小枝が折れた

罰なし ▶ そのままプレー

背中に当たる枝木を無理に曲
げたり折ったり踏んだりしてプレ
ーすると、「スイング区域の改善」
で2罰打を受けます。

ただし、スタンスをとるとき「フ
ェアに」枝木を背中や腕で押しや
ったり、大きく曲げたりして打って
も、それしかスタンスをとる方法

ポキ

あっ

がないならば、後ずさりした結果、小枝が折れても罰は科せられません。

● スイングの邪魔になる木の枝……枝を無理に曲げたり、折ったりしてプレーするのは違反
で2罰打ですが、「改善」してもストローク前に原状回復できれば罰は免除されます。枝
は折らずに、やさしく曲げればOK！

71 木の上のボールが回収できない

1罰打 ▶ アンプレヤブル

高い木の枝にひっかかっているボールが見つかり、目印で自分のものと確認できたが回収できない。その場合は、1罰打を受け「アンプレヤブル」で、ボールの真下地点をニヤレストポイントとし、2クラブレングス以内の、ホールに近づかない救済エリアにドロップして、プレーを続けることができます（➡P97）。

自分のボールと確認できない場合は、（ボールの確認や捜索中には罰はないので）木を揺らしても大丈夫。落ちてきたボールが自分のボールだった場合は、（動かしたボールを木の上にリプレースできないので）アンプレヤブルで1罰打を受け、落下地点から2クラブレングス以内にドロップしてプレー。

落ちてきたボールが自分のではなかった場合、落ちてこない場合、あるいは3分以内に自分のボールが見つからない場合は紛失球となり、①1罰打を受け、前打地点に戻って打ち直し、または、②2罰打で、紛失地点の横でホールに近づかないフェアウェイの2クラブレングス以内の救済エリアにドロップしてプレーを続けることができます（➡P58）。

だれのボールかわからないと紛失球

1罰打 前打地点から打ち直し

2罰打 フェアウェイにドロップ

2つのボールが至近距離にあるが、ブランドも番号も同じなため、どちらがだれのボールか見分けられない……。「ボールを探し始めてから3分以内に見つからないか、自分のボールであることが確認できない」場合、ロストボール＝紛失球で、2人ともあらためて、下記の①または②でプレーし直さなければなりません。

①1罰打で、前打地点に戻って救済エリアにドロップして打ち直し。ティーイングエリアならティーアップOK。

②2罰打で、（ボールの横の）フェアウェイから2クラブレングス以内にドロップしてプレー。

マジックなどでボールに名前や印を入れ、「マイボール」と一目でわかるようにしておきましょう。

73 紛失球宣言したあと、3分以内にボールが見つかった

ラフのボールが見つかりそうもないので紛失球宣言して、前打地点に戻りドロップしたところ、探し始めて3分以内にキャディーが初めのボールを見つけた。

ボールあったわよ～！

エッ?

ポトン

ボール捜索の3分以内は勝手に「紛失球宣言」することはできず、3分以内にボールが見つかった場合は、見つかったボールでプレーしなければなりません。

しかしこのケースでは、「ストロークと距離の罰」に基づいて、直前にプレーした地点に戻ってドロップしたボールがインプレーになります

1罰打　ドロップしたボールでプレー続行

（➡P53）。初めのボールはインプレーではなくなり、1罰打を加え、そのドロップしたボールでプレーを続けなければならないのです。

ドロップしたあと、3分以内に見つかった初めのボールに戻ってプレーすると、もはやインプレーでなくなったボールを打つ「誤球」（➡P101）となり、2罰打になるので気をつけましょう。

74 ティーイングエリアで ボールを打って練習した

練習

ラウンド中の「練習ストローク」は禁止で、違反は2罰打。ただし例外で、プレーを遅らせない条件で、①プレーを終えたばかりのグリーンでパッティング、②練習グリーン、③最初の、または次のホールのティーイングエリアやその周辺では、ボールを使った簡単なパッティングやチップショットの練習は許されています。

罰なし ▶ そのままプレー

75 ホールの途中で松かさを打った

松かさやどんぐりなど、コースに落ちている自然物をラウンドの移動中にクラブで打っても「練習ストローク」ではないので、問題ありません。

罰なし ▶ そのままプレー

108

バンカー

BUNKER

- ・バンカーで木の葉や松かさがとり除ける
- ・ボールの直前直後は触れてはならない
- ・プレー後はバンカーをきれいに

76 バンカー内の松かさをとり除いた

罰なし → そのままプレー

ボールがバンカー内にあるとき、「砂に触れてはいけない」がバンカーの基本で、違反は2罰打です。この原則は変わりませんが、2019年ルール改正で「バンカー内の約束ごと」が大幅に緩和されました。

すなわち、バンカー内に自分のボールがあるとき、木の葉や松かさ、小石やどんぐりなどの「ルースインペディメント＝自然物」を、自由にとり除くことができるようになりました。

さらに「動かせる障害物」も今までどおりとり除けるので（➡P85）、結果、砂の状態のテストやライの改善（2罰打）さえしなければ、バンカー内では何でもとり除けるのです。

2019 Rule バンカーで松かさや小石がとり除けるようになった

77 木の葉を払いのけたらボールが動いた

1罰打 ▶ リプレース

　　これはバンカーの内外を問わず、木の葉や小石、バナナの皮などのルースインペディメントはコース内のどこにあってもとり除くことができます（➡P77）。ただし、とり除くとき、ボールを動かすと1罰打を科せられます（グリーン上は除く）。動かしたボールは元の地点にリプレースしなければなりません。

Check The Rule

バンカー内のボール

ボールの一部でもバンカーの内側の砂に触れているときは、そのボールは「バンカー内のボール」です。

78 自分のボールか確認するため、ボールを拾い上げた

罰なし ▶ 確認して リプレース

バンカー内のボールが目玉状態……。
自分のボールか確認できないときは、自分の判断でボールを拾い上げて確認することができます。拾い上げる際は必ずマークしますが、他のだれかに告げる必要はありません。マークしないと1罰打。

ボールが汚れていたら必要最低限で拭くことができますが、それ以上は拭いてはいけません。拭くと1罰打。確認したら元の地点にリプレースします。

| 2019 Rule | ボールの確認や損傷の確認で拾い上げるとき、だれかに告知する必要はない |

| 2019 Rule | ボールの確認や捜索中に、偶然ボールを動かしても、罰は受けない |

79 ボール探し中、枯れ葉の中のボールを動かした

あった

ガサガサ

コロン

罰なし ▶ リプレース

ボールの捜索中に枯れ葉に埋もれたボールを動かしても、罰は科せられません。動かされたボールは元の地点にリプレースですが、そのとき、まわりの枯れ葉をとり除くことができます。元の地点がわからないときは、「推定して」リプレースします。リプレースしないでプレーをすると、一般の罰＝2罰打を受けます。

80 ボールが砂に埋まり見つからないので砂をほじった

罰なし 元の状態に戻してプレー

ボールが砂に埋まってしまった場合、確認のためボールの一部が見える限度で、罰なしで砂をとり除くことができます。このとき自分のボールかどうか確認できたら、そこでストップ。

確認後は、プレー前に砂を元の状態に戻すこと。そのままプレーすると「ライの改善」で2罰打。ボールの一部が見えれば大丈夫です。

81 打つときボールのすぐ後ろに
クラブをソールした

さてと

トッ

2罰打 ▶そのままプレー

　練習スイングで砂に触れたり、ストロークする直前に、ボールのすぐ後ろにクラブを置く＝ソールすると、「故意に砂に触れた」とみなされ、2罰打を受けます。バンカー内の規制緩和で、ボールから離れたところのバンカーをきれいにするためにならしたり、ちょっと寄りかかって砂に触れるのはOKになりましたが、本番のストロークでは、ボールの直前と直後にクラブを置くことはできません。

> 2019
> Rule
> **バンカーでは、ボールの前後に
> クラブを置くことはできない**

82 バックスイングのとき後ろの砂に触れた

2罰打　そのままプレー

バックスイングでわずかに砂に触れたがそのままショットし、バンカー脱出に成功した！　これは残念ながら、スイングのスタート時にクラブが砂に触れたことで、2罰打が科せられます。

「ストローク」の定義は、「ボールを打つ意思を持って ①バックスイングして、②トップの位置で切り返し、③ダウンスイングして、④ボールを打ち、⑤フォロースルーする」動作の、②から⑤までの一連の動きのこと。バンカーショットなので、この間に砂に触れるのは当然で、問題ありません。

問題なのは、打とうと構えたときや①のバックスイング時で、この部分はストロークに含まれないので、クラブが砂に触れると2罰打を受けるのです。

83 素振りで枯れ葉に触れた

罰なし　そのままプレー

本番のバックスイングや、砂に触れない素振りで枯れ葉に触れても、罰はありません。

木の葉や松かさなどのルースインペディメントは、いつでも手やクラブでとり除いたり、動かしたりすることができます。

84 バンカーショットを打つ前に、砂に足をめり込ませた

足をその場でグリグリと左右に動かして、砂にもぐり込ませることができます。ストロークする前はクラブをソールすることが禁止されているので、打つ前に合理的な範囲で砂に両足をしっかりすえることが認められているからです。しかし、必要以上にやりすぎると違反になることも。

 罰なし ▶そのままプレー

また、一度決めたスタンスがしっくりこないとき、そのスタンスをはずして足で砂をならしてやり直すと「砂のテスト」とみなされ、2罰打を科せられるおそれがあるので注意。

---

85 足で斜面を崩しながらスタンスをとった

2罰打 ▶そのままプレー

スタンスをとるときに、両足をしっかりと地面にすえることは認められていますが、スタンスをとるためにバンカーの側面を足で崩して「スタンスの場所をつくる」ことはできません。違反は2罰打。

靴をグリグリさせて砂にもぐり込ませるのはいいのですが、度が過ぎると砂のテストとみなされ、2罰打を受けるのでほどほどに。

86 本番前の素振りでクラブが砂に2〜3回触れた

New Rule

ボールがバンカー内にあるとき、素振りで3回ほど砂に触れてから本番のストロークをした。見ていた仲間が「砂に3回触れたから、1回2罰打で合計6罰打でしょう」と言った。

2罰打 ＞そのままプレー

たまに見かけるトラブルですが、プレーヤーが「同じまたは異なる規則に複数回違反した場合の処罰」について、2023年改訂で初めてシンプルな解答が出されました。すなわち、複数の規則違反の間に介在する出来事があるかどうかによってペナルティを決めます。そして「介在する出来事」を、①ストロークの終了、または、②違反に気づいたとき、の2種類とし、これをもって一区切りとすることにしました。

なので、設問のプレーヤーは練習スイングで何回も砂に触れましたが、ストロークが1回なので2罰打が科されます。

たとえば、練習スイングで数回砂に触れた後にストロークしたがバンカー脱出に失敗。そしてまた数回砂をこすった後のストロークでバンカー脱出に成功した場合、2回の違反で、2罰打＋2罰打＝4罰打ということになります。

New Rule 複数の規則違反に対する罰の適用

介在する出来事＝①ストロークの終了、または、②違反に気づいたとき、の2種類をもって区切りをつけます（➡P68）。

87 バンカーでスタンスをとるとき ボールが動いた

止まっているボールが動いた場合、プレーヤー本人（またはキャディー）が原因とわかっている場合は、1罰打を受けボールはリプレースします。そうでない場合は、（風や水や重力などの）自然の力が原因でボールが動いたものとみなして、罰なしで、ボールが動いて止まった位置から、そのままプレーを続けることができます（➡P64～67）。

1罰打 ▶ リプレース　　**罰なし** ▶ そのままプレー

---

88 バンカーのアゴを直撃、ボールが土壁に埋まった　New Rule

罰なし 地面にくい込んだ ボールの救済

バンカーのアゴでも、土の壁はバンカー内ではなくジェネラルエリア。なので、ストロークして埋まったボールは「地面にくい込んだボール」の救済が受けられます（➡P98）。

ボールのすぐ後ろにジェネラルエリアがない場合は、「ホールに近づかない最も近い同じジェネラルエリアに基点を設定」し、そこから1クラブ以内にドロップします。

89 クラブをピンの方向に向けて置いて打った

New Rule

2罰打 ▶そのままプレー

クラブやレーキ、タオルやパラソルを地面に置き、これらに合わせてスタンスをとることは禁止で、「プレーの線」（➡P141）の指示違反で2罰打を受けます。

このペナルティは、クラブを置いた瞬間に発生し、ストロークする前にクラブをとり除いても罰は消えません。クラブなどをバンカー内に置くときは注意しましょう。

90 使わないクラブを砂の上に置いた

ストロークを行う前にクラブを砂にソールさせるのは違反だが、使わないクラブをバンカー内に置く（投げる）ことは認められています。しかし、クラブを置くことで砂のやわらかさなどの状態をテストするのは違反になります。クラブは背後に置くといいでしょう。

罰なし ▶そのままプレー

91 ボールがバンカーにあるとき、バンカーをならした

それ

2罰打 ▶そのままプレー

これからプレーするボールとピンの間の砂地が荒れて、足跡だらけ。気分が悪いのでレーキでならしたところ、これを見ていた同組のプレーヤーから「プレーの線の改善では？」とクレームがあった。

プレーヤーは、ならした足跡を飛び越えてプレーするつもりでバンカーをきれいにしたのですが、グリーンサイドのバンカー内からすぐ近くのグリーンを狙う場合は、プレーの線上の足跡をならすことはできません。「プレーの線およびスイング区域の改善」で2罰打を受けることになります。

ただし、ボールがバンカー内にあるときでもプレーに直接関係ないところなら、バンカーをきれいにする目的でプレー前にならしても問題ありません。

● 砂をならすレーキ……レーキは「動かせる障害物」なので、いつでもとり除くことができ、ボールが動いた場合は罰なしでリプレースします（➡P85）。また、レーキは、バンカーの外側で、プレーに影響を与えそうにないところに置きましょう。

92 バンカーショットがOB、ドロップ前にバンカーをならした

罰なし　そのままプレー

　バンカーから打ったボールがそのバンカーの外に出た場合は、以後、制限なしでそのバンカーの砂をならすことができます。

　再び同じバンカー内にボールをドロップする場合も同様で、大きく砂をえぐった跡をレーキできれいにならし、そこにドロップしても問題なく、罰は科せられません。

　バンカーでプレーした後は、荒れた砂や自分の足跡はいつもきれいにならしてから立ち去るのがマナーです。

2019 Rule
ボールのライやプレーに
関係ないところの
砂に触れても罰はない

93 バンカー内のレーキに ボールがくっついて止まった

罰なし ▶ レーキを とり除く

レーキは動かせる障害物で、バンカーはもちろん、コース内のどこにあってもとり除くことができ、その方法は自由。その際ボールが動いた場合は、罰なしでリプレースします。レーキをとり除いたとき、砂面に残ったレーキの跡は直すことができません。直すと2罰打。

94 バンカー外のレーキをどかしたら ボールがバンカーに落ちた

エッ!?

罰なし ▶ レーキをとり除き ボールをリプレース

レーキはどこにあってもとり除くことができる動かせる障害物。ボールが動いたときは、罰なしでリプレース。この場合、元あったバンカーサイドにリプレースすべきですが、その位置が不明確なときは、元の位置にできるだけ近いところにリプレースします。

● レーキの置き場所は？……レーキはなるべくバンカーの外側で、プレーヤーが出入りするバンカーエッジの低い側に置くとよいでしょう。

95　仲間のバンカーショットで ボールに砂がかぶった

New Rule

罰なし　砂を払って打てる

　砂をかぶる前の状態に復元します。他人によって変えられたライを元の状態に直す際、プレーヤーは付近の砂を払ったり、マークしてボールを拾い上げ、かぶった砂を払って拭くことができます。ボールはリプレース。だれにも罰はありませんが、復元しないと2罰打（2023年改訂）。

96　バンカーショットではみ出した カラーの砂を払った

　ルースインペディメントはコースのどこにあってもとり除くことができますが、「砂やバラバラの土」は、ティーエリアとグリーン上以外ではとり除けません。

　フリンジ（カラー）はジェネラルエリアで、グリーンではないので、手で砂を払いのけると「プレーの線の改善」で2罰打を受けます。プレーは続行できます。

2罰打　そのままプレー

● レーキは真ん中？……イングランドやスコットランドのリンクスのポットバンカーは深くて出入りが大変なので、レーキはバンカーの中央に置いてあることがあります。

97 バンカーのアゴで打てない

打ったボールがバンカーのアゴに突き刺さり、しかもド目玉！
こんなときも無理しないでアンプレヤブル！

> オレなら
> アンプレだな！

WOW!

苦手な人には地獄ですが、うまく打てたときの喜びは天国といわれるバンカーショット。しかし、イラストのような場合は、プロでもお手上げ。

あるがままにプレーするのが本来ですが、こんなときは無理をしないで、アンプレヤブル宣言です。1罰打で救済が受けられ、3つの選択肢の中から自分が打ちやすいと思う地点からプレーすることができます。下のCHOICE②か③を選んだ場合は、バンカー内でホールに近づかないところにドロップします。

罰なし	そのままプレー
1罰打	アンプレヤブル

アンプレヤブル3つの選択肢

CHOICE 1

直前に打った場所に戻って、救済エリアにドロップして打ち直し。

CHOICE 2 New Rule

ホールとボールを結んだ（バンカー内の）後方線上にドロップ。

CHOICE 3

ラテラル救済。ボールから2クラブ以内のバンカー内にドロップ。

● うかつなアドバイス……仲間のボールのライが悪いのを見て「私ならアンプレにする」などと言うと、相手のプレーに影響を与える「アドバイス」をしたことになり、2罰打を受けます。「アンプレという方法もある」ならルールを教えたことでアドバイスにはなりません。

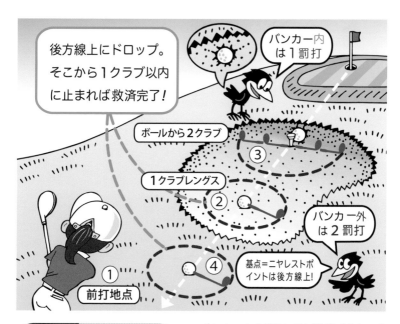

2罰打　バンカー外にドロップ

バンカーからどうしても脱出できないケースがあります。そんなときは最初から、または何度かトライした後でも、2罰打を受ければ、いつでもアンプレヤブルでバンカー外にドロップすることができます。

バンカーに挑戦したい人は使わず、ビギナーには神の手の救済。

アンプレヤブルの追加の選択肢

CHOICE **4** New Rule

アンプレヤブルでバンカー外にドロップできます。方法は、2罰打を受け、ホールとボールを結んだ後方線上にドロップします。そこから1クラブの円内に止まれば救済完了。

2019 Rule **2罰打で バンカー外に ドロップできる**

98 ボールがバンカー内の水たまりに入った

New Rule

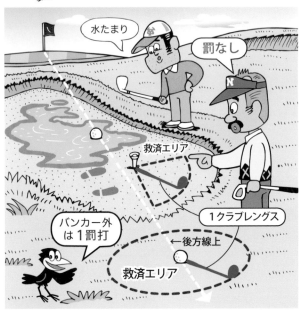

一時的にできた小さな水たまりは、「異常なコース状態」で、罰なしで救済されます（➡P92、94）。

選択肢は2つ。救済は、①ジェネラルエリアと同様に、バンカー内の水たまりを避け、ホールに近づかない、完全な救済のニヤレストポイント＝基点から1クラブレングス以内の「バンカー内の救済エリア」にドロップします。

罰なし	①バンカー内にドロップ
1罰打	②バンカー外にドロップ

また、図のように、②1罰打を受け「バンカー外の救済エリア」にドロップすることもできます。方法は、ホールとボールを結んだ後方線上の好きなところにボールをドロップします。ドロップ地点からどの方向にも1クラブレングスの円内に止まれば救済完了。戻る距離は自由で、ボールは交換できます。

● バンカーが完全に水びたし……バンカー内に救済のドロップエリアがないときは、1罰打を受け、ホールとボールを結んだ後方線上のバンカー外にドロップできます。バンカーの後方であれば、戻る距離は自由です。

PART
5

ペナルティ
エリア

PENALTY AREAS

・ペナルティエリアで木の葉がとり除ける

・イエローとレッドでは救済が異なる

・クラブが水や地面に触れてもOK

99

● 黄杭の池にボールが入ったら？

イエローペナルティエリア

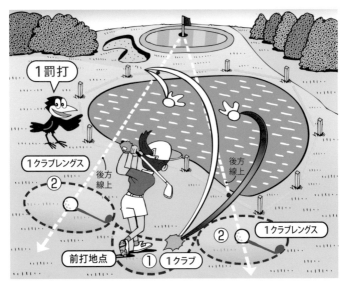

図中のラベル：
- 1罰打
- 1クラブレングス
- ②
- 後方線上
- 前打地点
- ① 1クラブ
- ② 1クラブレングス
- 後方線上

罰なし	そのままプレー

1罰打	2つの選択肢から打ち直し

ペナルティエリア内で、ボールを直接打つ場合は罰なしです。

罰あり救済は、1罰打を受けて下の2つの選択肢（CHOICE①、②）から打ちやすいほうを選べます。①前打地点に戻って基点からホールに近づかない1クラブレングス以内の救済エリアにドロップ。②後方線上にドロップし、1クラブ以内にボールが止まれば救済完了です。

CHOICE 1

前に打った地点に戻って打ち直す

この場合、直前に打った「できるだけ近い地点」を基点にして、1クラブレングス以内の救済エリアにドロップします。ボールは交換できます。

CHOICE 2

New Rule

ボールが池の境界を最後に横切った地点とホールとを結んだ後方線上で、そのペナルティエリア後方にドロップ

後ろなら距離の制限はない。好きなところにドロップ。1クラブの円内にボールが止まればOK。

●赤杭の川にボールが入ったら？

レッドペナルティエリア

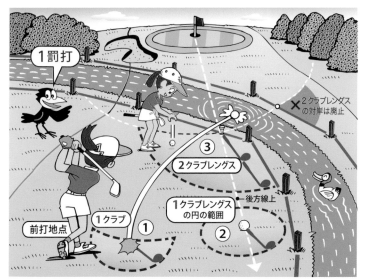

1罰打

×2クラブレンダスの対岸は廃止

③ 2クラブレングス

1クラブレングスの円の範囲

後方線上

1クラブ ①

②

前打地点

1罰打 3つの選択肢から打ち直し

レッドペナルティエリアの場合、イエローペナルティエリアのCHOICE①、②に加えて、選択肢があと1つふえ、3つの救済から1つを選べます。

CHOICE 3

〈ラテラル救済〉
ボールが川の境界を
最後に横切った地点を基点にして、
そこから2クラブレングス以内の
救済エリアにドロップ

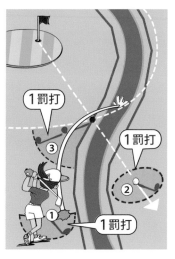

1罰打

1罰打

1罰打

③

②

①

101 池越えのホールで池は越えたが、逆戻りしたボールが池に入った

池越えは成功しているし、ボールがペナルティエリアを最後に横切った地点は向こう側だから、向こう岸にドロップした。

ティー方向

最後に横切った地点はこの辺

池の後方線上にドロップ

イエローペナルティエリア

ここだよ

②の場合

3罰打 **ドロップのやり直し**

●黄色い杭のイエローペナルティエリアに入ったら、救済の選択肢は2つ。1罰打を受けて、次のうち打ちやすいほうの救済が選べます。すなわち、①前打地点の救済エリアにボールをドロップして打ち直し。②ボールが池の境界を最後に横切った地点とホールを結んだ「後方線上にドロップ」して打ち直し。方法は、池の後ろの、後方線上の好きな地点にボールをドロップし、落下地点から1クラブ以内の円の中に止まれば救済完了です。

イラストの男性の処置では、ペナルティエリアの1罰打＋誤所へのドロップで2罰打＝計3罰打を受けることに。

ただし、プレー前なら間違いを訂正して、正しい場所にドロップし直せばペナルティエリアの1罰打だけですみます。訂正しないと（距離を大きく利得しているので）2罰打の追加になり、そのまま次のホールに進むと失格。

●後方線上の救済の基点……ペナルティエリアから「後方線上」の救済を受ける場合、ペナルティエリアの外側でなければならない。

102 赤い杭のある池にボールを打ち込んだ

大きな池がフェアウェイに平行してグリーンまで続いているので、右側には絶対打たない……はずだったが、池に打ち込んだ。

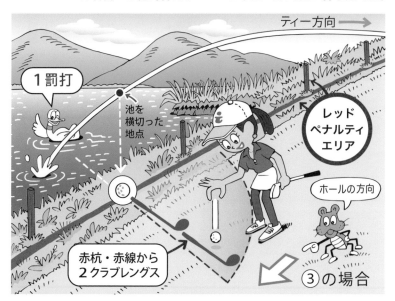

ティー方向 ➡

1罰打

池を横切った地点

レッドペナルティエリア

ホールの方向

赤杭・赤線から2クラブレングス

③の場合

1罰打　レッドペナルティエリアの3つの選択肢から選ぶ

●赤杭や境界ラインが赤色の場合、そこはレッドペナルティエリアです。救済は1罰打を受け、イエローのCHOICE①②の処置に加えて、③池の境界を最後に横切った地点から2クラブレングス以内で、基点よりホールに近づかない、ペナルティエリア外の〈ラテラル〉救済エリアにドロップする選択肢が選べます。

New Rule 後方線上の救済は、ボールを後方線上の好きなところにドロップするだけ

2019 Rule レッドペナルティエリアでは、2クラブの救済が使える

● レッドペナルティエリア……池や川の水辺だけでなく、雑木林やブッシュ、砂漠や溶岩地の場合もある。イエローの2つの救済に、追加のラテラル救済がある。

103 池に入ったボールを確認のため拾い上げた

| 罰なし | 確認して、リプレースまたは 1罰打でペナルティエリアの救済 | 1罰打 |

　ペナルティエリアに限らず、コース内ではどこでも誤球（➡P101）を防ぐため、マークしてボールを拾い上げて確認することができます。その際、手やクラブが水に触れても問題なく、また、拾い上げる際、だれかに告げる必要はありません。確認したボールは、そのままプレーする場合は元の状態にリプレースします。

　リプレースせずに、1罰打でペナルティエリアの救済を受けるときは、黄杭か赤杭かを確認し、P128〜129の選択肢から打ちやすいものを選びます。

Check The Rule

ペナルティエリアのボール

ボールの一部がペナルティエリアの境界線に触れている、またはその縁や上にあるとき、ボールはペナルティエリアにあります。

104　ボールの確認で、寄り添っている木の葉をとり除いた

罰なし　そのままプレー

　木の葉＝ルースインペディメントはコースのどこにあっても、いつでもとり除くことができますが、とり除くとき、ボールが動くと1罰打を受けるので慎重に。ただし、ボールの捜索中や確認の場合は、ボールが動いても罰はなく、ボールはリプレースすればOK。

Check The Rule　ペナルティエリアの3NG

ペナルティエリアに入ったボールは1罰打で救済されるが、救済されない3つのNGがあるのでチェックしておきましょう。

1　異常なコース状態からの救済がない
異常なコース状態とは、①一時的な水、②修理地、③動物の穴、④動かせない障害物、の4つの状態（➡P94）。ペナルティエリア内で異常なコース状態に遭遇しても救済はない。

2　地面にくい込んだボールの救済がない
ストロークして空中を飛んで地面にくい込んだボールは救済されるが（➡P98）、ペナルティエリア内では救済はない。

3　アンプレヤブルの救済がない
プレー中に困ったときはどこでもアンプレヤブルの救済が受けられるが（➡P52、96）、ペナルティエリア内だけは使えない。

● ペナルティエリアの救済……ペナルティエリアに入ったことが「わかっているか、事実上確実」な場合だけ、救済が受けられます。それ以外は「紛失球」になります。

105 プレー前にボールまわりの 枯れ葉を払いのけた

罰なし ▶ そのままプレー

ボールが赤杭のレッドペナルティエリアに入ったが、ライがいいのでそのまま打ちたいが、ボールの周辺の落ち葉や枯れ葉が邪魔になる……。黄杭でも赤杭でもペナルティエリア内の枯れ葉は、いつでも罰なしでとり除くことができます。とり除くときボールを動かすと1罰打を受けるので注意。動いたボールはリプレースします。

枯れ葉がたくさんあり、葉っぱの上にボールがのっている場合は注意が必要です。ボールの下の枯れ葉をとり除くと、リプレースを要する場所にあるルースインペディメントのとり除き違反で、(ジェネラルエリアと同様に)1罰打を受けるので覚えておきましょう（➡P76）。

2019 Rule 救済を受けるときは、いつでもボールの交換ができる

● 水辺で動いているボール……ゴルフでは「動いているボール」を打つことは禁止で、違反は2罰打。ただし、水辺で流れているボールだけはプレーしても罰はなく、もし誤球（➡P101）だった場合も罰はありません。

106 水辺のボールを打つとき、クラブを水につけた

罰なし ▶そのままプレー

　チャレンジ心に火がついて、救済を受けずにボールをあるがままに打ちたいとき、クラブが水面に触れたり、水中につけてプレーしても罰は科せられません。ジェネラルエリアと同様に枯れ葉や小枝をとり除いたり、クラブを地面にソールしたりできるので、敬遠しないで果敢に挑戦してみるのもアリかも。

> **2019 Rule**
> ペナルティエリアでクラブをソールしたり水につけたりできる

● 池越えのアドバイス……「池まで何ヤード?」はだれに聞いても、教えてもOK。ただし「池を越すのに何ヤード?」は、プレー方法やクラブ選択のアドバイス違反となり2罰打。聞き方にも注意が必要です。

135

107 黄杭内から打ったら池ポチャ！

New Rule

ボールは黄杭内だが、草地だったので罰なしでそのまま打ったところ、今度は完全に池ポチャになった……。この場合は、1罰打で3つの選択肢（①、②、③）から救済が選べます。

ドボン

あちゃ～！

1罰打 前打地点から打ち直し

①今打った地点を基点にした「救済エリア」にドロップして、打ち直します。

1罰打 2つの選択肢から打ち直し

ペナルティエリア内で何回失敗しても、その後、改めて1罰打でイエローペナルティエリアの通常の「2つの選択肢」から救済が選べます。

②そのペナルティエリアの外で、最後にプレーした場所にドロップ。それがティーショットならティーアップできます。

③ボールが池の境界を最後に横切った地点＝基点とホールを結んだ後方線上で、そのペナルティエリアの外側にドロップできます。

レッドペナルティエリアの場合は、①、②、③に加え、④基点から2クラブレングス以内にドロップできる選択肢が追加されます（➡P128～129）。

● 自然の力が動かしたボール……リプレース後にボールが動きだし、ほかのエリアやOBに入ったら「無罰でリプレース」になった。同じエリア内で止まったら「そのままプレー」。

パッティング
グリーン

PUTTING GREEN

・グリーンに上がる前に傾斜と芝目の確認を
・グリーンの傷はプレー前に修復できる
・グリーンはデリケート、静かに歩き大切に

108 グリーンとカラーの境目にある ボールをマークして拾い上げた

そこは

1罰打 ▶ **リプレース**

「ボールの一部がグリーンに触れていれば グリーン上のボール」なので、ペナルティ はありません。しかし、ボールがカラー（フ リンジ）上にあり、一部がグリーンに突き出ているだけではグリーン上のボール とならず、マークして拾い上げることはできません。カラー （フリンジ）はグリーンではないので、拾い上げると1罰打。 ボールはマークした位置にリプレースします。

Check The Rule グリーン上のボール

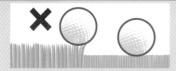

ボールの一部が グリーン面に触れ ていれば、グリー ン上のボールとな ります。

138

109 グリーン上でマークしないで ボールを拾い上げた

グリーン上ではいつでもボールを拾い上げることができますが、必ずマークしなければなりません。ルールでは厳密に、「ボールマーカーをボールの真後ろやすぐ近くに置くこと」と決められています。マークしないでボールに触れたり、拾い上げたりすると1罰打が科せられ、そのボールはリプレースされなければなりません。

1罰打　リプレース

---

110 拾った小石でマークした

1罰打　そのままプレー

きれいな小石を拾ったので、1番ホールのグリーンでボールをマークした……。ボールマーカーの形やサイズには決まりはありませんが、「人工物」でなければなりません。人工物とはティーやコインなど人が作ったものです。小石は木の葉や松かさと同じ「自然物」なので「誤った方法でマークした」ことになり、ボールをリプレースしてプレーすると1罰打が科せられます。

111 ボールが落下したときにできた ボールマークを直した

罰なし そのままプレー

　ボールが落下した衝撃でできたグリーン上のへこみや傷を「ボールマーク」といいますが、ボールマークと古いホールの埋め跡をはじめ、靴による傷＝「スパイクマーク」や旗竿を引きずった傷など、グリーン上のほとんどの損傷は、自分の手や足、クラブやグリーンフォークを使ってプレー前に修理することができます。

　ボールマークやスパイクマークの修理中にボールが動いても罰はなく、ボールは元の地点にリプレースすればOKです。

2019 Rule ボールマークやスパイクマークは いつでも修理できる

● ホールのまわりが傷ついているとパッティングが興ざめです！　旗竿を抜いたりさしたりするときは細心の注意を払いましょう（コースの保護）。

112 プレーの線上の スパイクマークを直した

罰なし　そのままプレー

プレーの線上やホール周辺のスパイクマーク＝靴のひっかき傷は、プレー前に直すことができます。

　グリーンに上がってきたとき、前の組が引きずったスパイクマークがあると、いささかなりの怒りと同時にテンションが下がるのを感じます。グリーンのプレーを終えた後は、スパイクマークを修復してから次のホールに向かいましょう。

Check The Rule　プレーの線　Line of Play

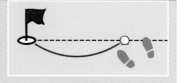

　「プレーの線」とは、プレーヤーが「ボールを打ちたい、転がしたい」と思い描くラインのことです。プレーの線は2点を結ぶ直線とは限らず、その両側に適度な幅を持ち、曲線になったり、空中になることもあります。

● 自分のプレーの線をチェックしているときに、うっかりスパイクマークをつけてしまった場合、その損傷はプレー前でも修理することができます。

113 マークするときマーカーで ボールをはじいてしまった

罰なし ▶ **リプレース**

　2019年ルール改正で、「グリーン上のボールを偶然動かしてしまった場合、どのように動いたかに関係なく、罰は科せられない」ことになりました。マークするときうっかり指やマーカーでボールを突いてしまったら、ボールは元の地点にリプレースすればOKです。

2019 Rule	偶然ボールを動かした場合 罰はつかない

114 松葉をとり除くとき うっかりボールを動かした

グリーン上に松葉が散乱している。プレーの線上の松葉を拾っているとき、うっかり足で自分のボールを動かしてしまった……。

グリーン上のボールを偶然動かしてしまった場合、だれが動かしても罰はありません。ボールはリプレースします。

罰なし ▶ **リプレース**

---

115 1本だけ飛び出した長い芝を つまみとった

2罰打 ▶ **そのままプレー**

グリーン上では、生えている芝を抜いたりちぎったりすることはできません。ちぎった芝を元の場所に戻しても、プレーの線の改善として2罰打を受けます。

116 パターの先っぽでマークした

マークね

エッ

罰なし ▶そのままプレー

パターの先でマークできます。マークは、拾い上げたボールを元の地点に正確にリプレースするための目印です。

マークする方法は、マーカーをボールの真後ろやすぐ近くに置くこと、そしてクラブをボールの真後ろや、すぐ近くに置くことが認められています（➡P71）。パターでマークするときは、拾い上げてリプレースするまで、パターを動かすことはできません。

117 マークして拾い上げたが、別のボールをリプレースしてプレー

New Rule

1罰打 ▶そのままプレー

ニューボールにチェンジ

グリーン上で拾い上げたボールをとりかえることはできません。別のボールをリプレースしてプレーすると1罰打を受けます。ボールを交換できるのは、OBや紛失球、救済を受けるとき、ボールが切れたときなどです。プレー前に気がついて元のボールでリプレースし直せば、罰は科せられません。

118 自分が拾い上げたボールを
キャディーが拭いてリプレース

1罰打 ▶そのままプレー

グリーン上でボールを「リプレース」できる人は、①プレーヤー本人、②ボールを拾い上げた人だけです。

2019年の改正で、キャディーはグリーン上ではプレーヤーの承認なしに「ボールを拾い上げ、拭いて、リプレースできる」ようになりました。しかし、プレーヤーが拾い上げたボールをキャディーがリプレースすることはできません。認められていない人がリプレースしたボールをプレーすると1罰打を受けます。

ただし、プレー前に間違いに気づき、プレーヤーがリプレースし直せば罰は科せられません。

> **2019 Rule**
> **グリーン上では、
キャディーはいつでも
ボールをマークして拾い上げられる**

● グリーン上のボールのマークを、仲間やキャディーに頼むことができます。ただしその場合も、ボールをリプレースできるのは、①プレーヤー本人、②拾い上げた人に限定されます。

119 ラインを読むとき グリーンに手のひらをつけた

それ

ピタッ

罰なし そのままプレー

ルールでは「故意にグリーンをテストしてはならない」と書いてありますが、ラインを読む際にグリーンに手をつく程度なら問題ありません。

また、グリーン上の砂をとり除くとき手で払ったり、ホールの縁の損傷を手で修復しても大丈夫です。とはいえ、むやみに手のひらで芝の表面をこすったり、芝目のチェックをするとグリーン面のテストで2罰打と判断されるので注意しましょう。

---

120 ボールについた泥を グリーン面で拭きとった

罰なし そのままプレー

フキフキ

ゴシゴシ

グリーン面のテストでなければ、泥を拭き落としても罰はありません。

ただ、「李下に冠を正さず」で、ボールはタオルやぞうきんで拭きましょう。

121 ライン読みのときグリーンにパターを立てて置いた

New Rule

ライン読みのとき、イラストの自立型パターをボールの横に立てて置くと違反で2罰打を受けます。これは2023年改訂ルールの「プレーの線を示すものを地面に置くのは全エリアで禁止」に沿った規則で、2年遅らせて2025年1月1日から施行されました。

2罰打 ▶ そのままプレー

グリーン上ではパターをグリーンに立てて置き、手を離した瞬間にペナルティが発生し、ストローク前にそのパターをとり除いても罰は消えません。

---

122 フリンジのスプリンクラーが邪魔

罰なし ▶ そのままプレー

フリンジ（カラー）はジェネラルエリアです。スプリンクラー（動かせない障害物）がスタンスやスイングの障害になる場合は罰なしで救済されますが、いくら邪魔でもプレーの線上にあるだけでは救済は受けられません。

123 止まっているボールが動いた

●ボールを拾い上げる前なら……

| 罰なし | プレーヤーが原因で、偶然動いたときは
リプレース（➡P142） |

| 罰なし | プレーヤーが原因ではないときは
そのままプレー |

124 マークして、ボールを拾い上げる前に風でボールが動いた

| 罰なし | ボールが止まった
地点からプレー |

マークしても、ボールを拾い上げる前ならまだインプレー状態。この場合は、罰なしでボールが止まった地点からプレーします。しかし、うっかりマーカーの前にリプレースすると、インプレーのボールを動かしたことになり、1罰打を受け、風で動いた地点に戻さなければならないので要注意。

リプレースした後にボールが動いた

拾い上げていたボールを拭き、元の地点にリプレースしたら、
ボールがゆっくり動きだしてホールに近づいた。

●ボールをリプレースした後なら……

罰なし ▶ **リプレース**

すでに拾い上げられた後、リプレースされたボールが動いた場合、原因が何であれ、すべてボールは元の地点にリプレースしなければなりません。元の地点が不確かなときは、場所を推定してリプレース。イラストの場合は、動きだしたボールがホールに近づいてきましたが、このケースもラッキーにはならず、リプレースです。

ただし例外で、バックスイング中に動き始めたボールはリプレースできません。もしストロークしてしまった場合は、そのままプレーとなります。

2019 Rule **リプレース後に動いたボールは、すべて元の地点にリプレース**

149

126 キャディーにラインを聞いた

キャディーに狙いどころを聞くと、旗竿をグリーン面に当てて、「この辺ね」とアドバイスしてくれた。

罰なし そのままプレー

　ボールがグリーン上にあるとき、キャディーだけは、ストローク前にラインを読んで「プレーの線」を示したり、手持ちの旗竿をグリーン面に当てて「狙いどころ」を教えたりすることができます。

　ただし、プレーの線を改善したり、プレーの線を示すために、（タオルやペットボトルなどの）物を置いた場合は、ストローク前にとり除いてもペナルティは解除されず、2罰打を受けます。

2019 Rule グリーン面を改善しなければ、プレーの線に触れても罰はない

127 キャディーが後ろに立って ラインを読んでくれた

New Rule

> カップひとつ
>
> それ

キャディーにラインを聞いたら、後ろに立ってアドバイスしてくれた……。スタンスをとる前なので罰はありませんが、そのまま続けて、スタンスをとるまでプレーヤーの後方線上に立っていると違反になり、2罰打を受けるので注意しましょう。

罰なし ▶ そのままプレー

また、アドバイスを受けたあとプレーヤーがいったんスタンスを解き、キャディーも他所に移動し、改めてスタンスをとり直せば罰はありません。

---

128 キャディーが傘をさしたまま打った

2罰打 ▶ そのままプレー

プレーヤーはストロークする際、だれからも物理的な援助を受けることはできません。雨が降っているからと、キャディーや仲間に傘をさしてもらうのは違反になります。ただし、ストローク間際までならOK。また、自分で傘をさしてプレーするのは問題ありません。

129 旗竿を立てたままパットしたら ボールが旗竿に当たった

グリーン上で打ったボールが旗竿に当たっても罰はなく、そのままプレーとなります。プレーヤーは、旗竿を立てたままパットするか、抜いてパットするかを自由に選べますが、どちらにするかは、ストロークする前に決めなければなりません。

罰なし そのままプレー

旗竿をホールに残すほうを選んでパットした場合、ストローク後に、旗竿に当てたくないと思ってボールが動いているときに旗竿を動かしたり抜いたりするのは違反で、2罰打を受けます。ボールが旗竿に当たらないと判断したときは、とり除いても罰はありません。

旗竿を抜くほうを選んだときは、ストローク前に自分で抜くか、またはキャディーや仲間に抜いてもらいましょう。また、ホールまでの距離が遠いとき、（抜くことを前提に）旗竿をホールの目印として仲間に持ってもらい、打った後に抜いてもらうのはOKです。

2019 Rule 旗竿を立てたままパットして 旗竿に当たっても罰はない

● グリーン上のパットでは、旗竿をさしたままでも抜いてからでもプレーOKですが、「グリーン外」からプレーするときでも抜きさしを選ぶことができます。

130 旗竿をさしたままでパットしたが、急きょ抜いてもらった

強すぎ！

やっぱ抜いて〜

え〜っ！？

ガ

ビュー

サッ

「旗竿を残したまま」を選んでパットした場合、ストロークしている途中で「やっぱり抜いて〜」と変更することはできません。

打ったボールの勢いが強すぎて、旗竿にはじかれそうと思い、近くにいる仲間に旗竿を抜いてもらった場合、「動いているボールに影響を与える行動」になり、頼んだ人も抜いた人も2罰打が科せられます。

2罰打 そのままプレー

---

131 ピンに寄りかかっているボールを拾い上げた

やった〜♡

ひょい

罰なし ホールインワン

パー3で、第1打がグリーンを転がってなんとカップイン！　行ってみるとボールが旗竿とホールの間にはさまっていたけど、うれしさのあまりボールを拾い上げた。この場合はどうなる？

ボールの一部がホールの中にあり、グリーン面よりも下にあれば、ホールインと認められます。ボールの一部がホールの縁に見えている状態は、半分はホールに入っているので、見事エース達成となります。

132 マーカーを元に戻さずパットした

仲間の要求でマーカーをパターヘッド1つ分動かしたが、自分の打順のとき、うっかりマーカーを元に戻し忘れて打ってしまった……。

この場合、「誤所からのプレー」で2罰打を受けますが、このボールはインプレーになっているので、（このうっかり間違いに気づいてもやり直さないで）そのまま続けてプレーします。2罰打は、終わってから加えます。

2罰打 ▶ そのままプレー

---

133 仲間のマーカーからパットした

上と同じく、「誤所からのプレー」。仲間のマーカーから打ってしまった場合は、同様にそのままプレーしてホールアウトします。2罰打は終わってから加えます。

「あっ、それは私のマーカー！」といった仲間からのクレームであわててボールを拾い上げ、正しい場所からパットをやり直した場合、さらに2罰打がつくということを覚えておきましょう。

2罰打 ▶ そのままプレー

134 ボールマーカーを残したままパットした

1罰打 ▶そのままプレー

　バーディーパットに集中しすぎて大チョンボ！ ボールマーカーの前にボールを正しくリプレースしたが、ストロークする前にマーカーはとり除かなければいけません。喜びもつかの間、マーカーを残したままパッティングした場合は1罰打が科せられます。

2019 Rule マーカーをとり除かないでプレーすると1罰打

● ホールのサイズは、直径4.25インチ（108mm）、深さは最低4.0インチ（101.6mm）。ボールの一部がホールの縁＝グリーン面よりも下にあるとき、「ホールに入った」といいます。

パットがクラブに当たった

罰なし **リプレースして再プレー**

　グリーン上でパットしたボールが、グリーン上の「動かせる障害物（パターやペットボトルやタオル）、他人や動物、動いているボール」に偶然当たった場合、そのストロークはとり消しになり、ボールは元の地点にリプレースして再プレーになります。このケースは再プレーしないと一般の罰（2罰打）を受けます。

　2023年の改訂で、その当たった物から「プレーヤー本人、旗竿に付き添っている人、昆虫」が除外されました。また、「旗竿とボールマーカー」に当たった場合も罰なしでそのままプレーとなります。

---

136 パットが仲間のボールに当たった

2罰打 **▶そのままプレー**

　グリーン上でパットしたボールが、グリーン上に止まっているだれかのボールに当たった場合、当てたほうに2罰打が科せられます。当てたほうのボールはそのままで、当てられたボールはリプレースします。

137 パットのとき、旗竿に手を添えた

お先に～

さしたままの旗竿に手を触れたり、押さえたりしたまま、パットすることはできません。旗竿を故意に動かして利益を得ようとしたとみなされ、2罰打を受けます。

2罰打 そのままプレー

旗竿をホールから抜いて、片手で持ってパットするのは問題ありません。

---

138 パットをかき寄せてホールアウトした

チェッ！

ズルッ

2罰打 ホールアウトは認められる

短いパーパットをはずし、10センチほどオーバー。プレーヤーは気落ちして、そのまま「お先に～」とボールをかき寄せてホールアウトした……。

ボールの打ち方として、プレーヤーはボールをクラブヘッドのどの部分で打ってもいいのですが、「押し出したり、かき寄せたり、すくい上げる」ことは禁止されています。違反で2罰打を受けますが、ホールアウトは認められます。

● お先に失礼パット……パットした後、ホールまで残り1グリップ＝30センチ以内のとき、プレーファストで、マークしないで「お先に失礼！」と言って、続けてプレーすること。

139 グリーン上に水たまり。プレーの線上だから救済あり？

これは？

グリーンオン！と思ったら、残念ながらカラーの上だった。しかもグリーン上には、明け方までの雨で大きな水たまりが。

いかにも「異常なコース状態」（➡P94 〜 95）に見えますが、救済はなく、そのままプレーです。

フリンジ（カラー）はグリーンではなくジェネラルエリアなので、プレーの線上に一時的な水があっても、救済は受けられません。ボールが直接水たまりの中に入っていたり、スタンスが障害になるときだけ、救済が受けられます。

罰なし **そのままプレー**

ボールがグリーン上なら救済が受けられる

ボールがグリーン上にあるときに限り、プレーの線上に「一時的な水」がある場合、「異常なコース状態」で罰なしに救済が受けられます。

方法は、マークしてボールを拾い上げ、①プレーの線が水たまりを避け、②ホールに近づかず、③元の位置に最も近いところに、プレースします。グリーン全体が水たまり状態のときは救済地点がグリーン外となってもよく、その場合もプレースです。勘違いしてドロップしてプレーすると1罰打なので注意。

エ？ッ

プレースだよ

140 サブグリーンのボールをパターでプレー

パターだから傷つけないよ

エッ？

2罰打 ▶そのままプレー

　サブグリーン＝目的外のグリーンはプレー禁止で、パターで打っても2罰打を受けます。

　フリンジ（カラー）にのった場合は、通常はそのままプレーですが、コースによってはグリーンと同様に扱うローカルルールを設定しているところもあるので要チェック。

141 ボールがサブグリーンにのったら？

　ボールがサブグリーンにのった場合は、救済を受けてプレーしなければなりません。

　方法は、罰なしに①同じジェネラルエリア内で、②基点よりホールに近づかない、1クラブレングス以内の「救済エリア」にドロップします。

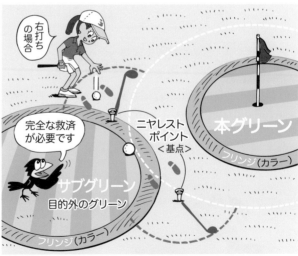

右打ちの場合

完全な救済が必要です

ニヤレストポイント＜基点＞

本グリーン

フリンジ（カラー）

サブグリーン
目的外のグリーン

フリンジ（カラー）

また、スタンスやスイング区域が障害となる場合も同様で、サブグリーンからの完全な救済が求められます。違反は2罰打です。

罰なし ▶完全な救済のドロップ

142 ホールアウトしたあとに 誤球だったことに気づいた

2罰打 誤球した地点に戻ってやり直し。訂正しないと失格

　誤球をした場所が思い当たるときはそこに戻り、3分以内に自分の正しいボールを探し出してプレーします。誤球をプレーしたストローク数はカウントせず、その間何回打っても2罰打です。どこで誤球したのかわからないときは、紛失球で1罰打が追加されます（➡P101、106）。

　誤球のままホールアウトし、次のホールのティーショットを打つとその時点で失格となります。

　また最終ホールの場合、スコアカードを提出する前に誤りを訂正（＝スコアに2罰打を加える）しなかったときは失格となります。

Check The Rule

前打地点からプレーする方法

紛失球やOB、ペナルティエリアやアンプレヤブル（➡P53）などの救済で、直前にストロークした地点に戻ってプレーする場合の「インプレーの方法」は、そのコースエリアによって異なります。

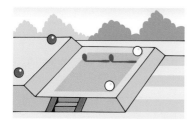

●ティーイングエリア

直前のストロークをティーイングエリアからプレーした場合、ティーイングエリア内のどこからでもティーアップしてプレーすることができます。

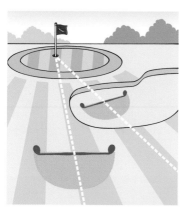

●ジェネラルエリア・バンカー・ペナルティエリア

直前のストロークをジェネラルエリア・バンカー・ペナルティエリアからプレーした場合、基点はその前打地点となります。ボールは基点から、①1クラブレングス以内で、②同じエリア内で、③基点よりホールに近づかない、「救済エリア」にドロップします。

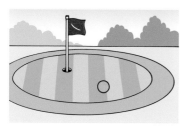

●パッティンググリーン

直前のストロークをパッティンググリーンからプレーした場合、前打地点にプレースします。

よくわかるゴルフ用語解説

　ゴルフは本を読んでも上達しません。しかしゴルフルールは読めば読むほど「なるほど！」と納得でき、ゴルフが上達したのではないかと思えるから不思議です。ルールブックを読んで、少しでも理解してゴルフにのぞめば、気おくれすることなくのびのびプレーできるのではないでしょうか。実際の場面で遭遇したトラブルは、あとで必ずルールブックを見て、正しいルール、正しい処置を確認しておきましょう！

アイアン（Iron）
クラブヘッドが金属ブレードでできたクラブのこと。目標を確実に狙いたいときに使う。通常、3～9番とPW（ピッチングウェッジ）、SW（サンドウェッジ）の計9本である。（近年は1、2番がなく）3～4番をロングアイアン（長距離用）、5～7番をミドルアイアン（中距離用）、8～9番をショートアイアン（短距離用）という。（➡ P175 イラスト）

アウト（Out）
18ホールのうちの前半9ホールのこと。昔のイングランドの海沿いのコースは、前半9ホールがクラブハウスから遠ざかり、後半9ホールはUターンして戻ってくるような設計だった。その名残で前半を「アウト（Going Out の略）」、後半を「イン（Coming In の略）」と呼ぶようになった。米国ではフロントナイン（アウト）、バックナイン（イン）という。

アウトオブバウンズ
（Out of Bounds）
OBのことで、白杭や白線で区切られているプレーの許されない区域のこと。ボールがこの区域に入ると1罰打が科せられ、前打位置から打ち直しなどとなる。（➡ P17、39、41、48～49、59、74、78～79、101 ほか）

アゲンスト（Against）
向かい風のことをいう和製英語。正しくは「Head Wind」という。

アップダウン（Up and Down）
フェアウェイの起伏のこと。米ゴルフ俗語では寄せワンのこと。

アドバイス（Advice）
プレー中に、クラブの選択、打ち方やプレー方法に影響を与えるような助言のこと。これは自分のキャディーからのみ受けられ、それ以外の人から受けた場合は、教えた人も受けた人も2罰打となる。旗竿の位置、グリーンまでの距離や方向など、公開の情報についてはアドバイスにはならない。（➡ P40～41、124、150）

アプローチ（Approach）
グリーン周辺からホールを狙って打つショットのこと。ピッチショット、ピッチエンドラン、ランニングショットの3つの打ち方がある。

アリソンバンカー
深くてアゴの突き出したバンカーのこと。イギリスのコース設計家チャールズ・アリソンが多用したバンカー。アリソンが設計した川奈ホテルの10番パー3（143ヤード）はグリーンが5つのアリソンバンカーで囲まれている。

アールアンドエー（R&A）
アールアンドエー・ルールズ・リミテッド「R&A Rules Limited」のこと。米国ゴルフ協会（USGA）と共同して、ゴルフルール（制定、変更、解釈、適用のすべて）をつかさどっている。

アルバトロス（Albatross）
基準打数より3打少ない打数でホールアウトすること。イギリス人がこう呼ぶようになった。意味は「アホウドリ」。同じ意味で「ダブルイーグル」「ゴールデンイーグル」とも。

アンカリング（Anchoring）
クラブや握る手を自分の体のどこかに固定（アンカー）させたプレーのことで禁止されている。

アンジュレーション（Undulation）
傾斜。コースの起伏。グリーンやフェアウェイが波のようにうねっていること。ジ・オープン開催地セントアンドルーズ・オールドコースのフェアウェイが有名。

アンダーパー（Under Par）
18ホールの標準打数（パー72）より少ないスコアでホールアウトすること。

アンプレヤブル（Unplayable）
ボールが木の根元や深いやぶにあるなど、そのままプレーが続けられない状態のときアンプレヤブルを宣言することで、1罰打を加えたうえでプレーを続けることができる救済措置。（➡ P52 ～ 53、96 ～ 97、105、124 ～ 125）

イーグル（Eagle）
基準打数より2打少ないスコアでホールアウトすること。パー3ホールの場合はホールインワン。語源は「Eagle ＝鷲」。

一時的な水（Temporary Water）
地面に一時的にたまった水たまり。ペナルティエリアの池や川は含まれない。（➡ P92、94、126、158）

一般の罰（General Penalty）
ストロークプレーでは2罰打。（➡ P65）

イーブンパー（Even Par）
ストロークプレーで、そのコースの基準打数と同じスコアのこと。通常 72 打。

インターロッキンググリップ
グリップがぐらつかないよう、右手の小指と左手の人さし指をからませて握る方法のこと。ビギナーや力の弱い人向けのグリップであったが、タイガー・ウッズもこのグリップである。

インテンショナル（Intentional）
スライスやフックボールなどを意図的に打つこと。

インパクト（Impact）
クラブヘッドがボールに当たる瞬間のこと。

インプレー（In Play）
ティーショットをしてからそのホールをホールアウトするまでのこと。この間に、ボールに触れたり動かしたりすると、ルールで認められた場合を除き、ルール違反で1罰打が科せられる。

ウイニングパット
勝利を決定する最後のパッティングのこと。トーナメントでは最終パットの前に優勝が決まった場合でも、短い最終パットをマークし、最後にホールアウトする。

ウェッジ（Wedge）
ヘッドが大きく、ロフト角も大きい短い距離用のアイアンクラブのこと。アプローチに使うピッチングウェッジ、アプローチウェッジとバンカー用のサンドウェッジがある。

ウッド（Wood）
ドライバーやスプーンなどのヘッドが大きいクラブのこと。現在のようにメタルウッドが使われる前までは柿の木（パーシモ

ン）で作られていたため、今でも、「ウッド」と呼ばれている。番号と呼称は次のとおり。1番＝ドライバー、2番＝ブラッシー、3番＝スプーン、4番＝バッフィー、5番＝クリーク

エイジシュート
自分の年齢と同じか、少ないスコアで18ホールをラウンドすること。すべてのゴルファーの夢でもある。世界のプロ競技における最年少記録は59歳（スコア57／ギネスブック）。

エチケット (Etiquette)
プレーする際に、最低限守らなければならない礼儀のこと。（➡P21～31）

エッジ (Edge)
グリーンやバンカーの縁のこと。クラブフェースとソールとの接点のこともいう。

エプロン (Apron)
グリーンまわりのフェアウェイより芝が少し短く刈ってある部分のこと。花道。

オーケー (OK)
マッチプレーで、相手がホールアウトする前にそのホールの負けを認め、次のストロークでホールアウトするものとして次のパットを免除すること。正しくは「コンシード」という。

オナー
ティーから最初にプレーする権利。もともとは最初に打つ名誉（Honour）という意味で用いられた。2ホール目からは、打順は前のホールのスコアがよい順に打つ決まりである。「Owner＝オーナー＝持ち主」と間違えないこと。

オーバースイング
和製英語。トップスイング時に必要以上にクラブを上げること。左ひじの曲がりなどの原因で起こりやすい。ビギナーや女性に多い。

オープンスタンス
両足のつま先を結ぶ線が、飛球線より左方向に開いているスタンスのとり方のこと。右足が前に出て、下半身が目標のほうを向く。反対語は「クローズドスタンス」。

オン
ボールがグリーンにのることをいう。グリーンにのるまでの打数で「ワンオン」「ツーオン」などという。「ナイスオン」は和製英語で、正しくは「You are on the green.」。

外的影響 (Outside Influence)
プレーヤーのボールや用具、コースでのプレーに影響を及ぼす（プレーヤーとキャディーを除く）すべての人、動物、自然物や人工物、動いている別ボール。ただし、自然の力を除く。（➡P74）

カップ
グリーン上にあけられた穴のこと。正しくは「ホール」という。

カップイン
ボールがカップに入り完全に停止する状態のことで和製英語。「ホールアウト」が正しい。

ガードバンカー
グリーンまわりにつくられたバンカー。和製英語。

黄色杭
イエローペナルティエリアを示す杭のこと。（➡P79、128、130、136）

基準打数
ホールの基準打数のこと。ショートホールは3、ミドルホールは4、ロングホールでは5と決められており、ホールアウトするまでの基準となる打数をいう。「パー＝Par」は同義語。

キャディー (Caddie)
プレーの間、プレーヤーのクラブを運んだり、プレーについて助言する人のこと。プレーヤーはこのキャディーからのみアドバイスを受けることができる。

キャリー (Carry)
ボールを打ってから地面に落ちるまでの飛球距離のこと。「キャリーで何ヤード」などと使う。

境界物
アウトオブバウンズ＝OBを示しているフェンスや杭で、動かせないものとして扱う。境界物は障害物ではない。（➡ P78）

グラスバンカー (Grass Bunker)
砂ではなく長めの芝が生えているくぼ地のこと。バンカーと呼ばれているが、ジェネラルエリアの一部でソールできる。

クラブ (Club)
ボールを打つ道具のこと。ゴルフ倶楽部とゴルフコースのことをいう場合もある。

クラブヘッド
ゴルフクラブのシャフトの先についている、ボールを打つ部分のこと。素材、大きさなど、さまざまなものがある。

クラブレングス (Club Length)
パター以外の最も長いクラブで、通常はドライバーの長さ。救済を受けるとき、救済エリアのサイズを測るのに使う。（➡ P80、89）

グランドスラム (Grand Slam)
プロゴルフ界の4大大会である、マスターズ、全米オープン、全英オープン、全米プロ選手権を全部優勝すること。

クリーク (Creek)
コース内を流れる小川のこと。ボールがここに落ちた場合はペナルティエリアの扱いになる。5番ウッドの別名も同じクリーク。

グリップ (Grip)
ゴルフクラブの握り部分のこと。またはクラブの握り方のこと。グリップの材質はゴムやレザー、コードバンなどがある。

グリーン (Putting Green)
パッティングをするためにつくられた、芝が短く刈り込んであり、ホールがあるエリア。正式には「パッティンググリーン」という。

クレーム (Claim)
ルール違反をしたと思われるプレーヤーにその旨を主張すること。

グロス (Gross)
スコアからハンディキャップを引く前の数字のこと。ハンディキャップを引いたあとの数字は「ネット＝Net」という。

クローズドスタンス
両足のつま先を結ぶ直線が、飛球線とクロスするスタンスのとり方のこと。左足が前に出て、下半身が目標と反対側を向く。フックを打つ際に用いられる。反対語は「オープンスタンス」。

誤球 (Wrong Ball)
自分のボール以外のボール、またはすでにインプレーでなくなったボールを打つこと。ストロークプレーでは2罰打が科せられ打ち直しができる。マッチプレーではそのホールは負けとなる。（➡ P60、101、160）

コースレコード
そのコースの最少打数の公式記録のこと。

コースレート
JGAが測定したコースの難易度を示したもの。パー（72）より数字が大きければ難易度は高く、小さければ難易度は低い。ハンディキャップを決める際に使われている。

コンペ
「コンペティション＝Competition」の略で競技会のこと。数ラウンドのスコアの合計で競われる「ストロークプレー」が一般的である。

サイドスピン (Side Spin)
ボールの横回転のこと。この回転があるためにスライスやフックが起こる。

再ドロップ
救済エリアにドロップしたが、エリア外に転がったり、途中で物に当たった場合は再ドロップする。再ドロップして同じ状況なら、再ドロップのボールが地面に最初に落ちた地点にプレースする。（➡P86〜91）

サドンデス
規定のホールで勝負が決まらない場合に、1ホールごとに決着がつくまでプレーする方法。「サドンデス＝Sudden-death」は「突然死」という意味。

サービスホール
距離が短くパーがとりやすいホールをいう和製英語。「イージーホール」が正しい。

サブグリーン (Wrong Green)
目的外のグリーン。和製英語。グリーンが2つあるコースで、使われていないグリーンや練習グリーンのこと。ルール上はジェネラルエリアになる。

暫定球 (Provisional Ball)
ショット後のボールがOBやロストボールのおそれがある場合、暫定的に打てる球。ボールが見つからなかったとき、前打地点に戻る時間のロスを解消するのが目的。英語で「プロヴィジョナルボール」という。（➡P50〜51、58）

サンドウェッジ (Sand Wedge)
ジーン・サラゼンが考案したバンカー専用のアイアンクラブ。バンカーから脱出しやすくするため、ソールを厚めにし、バウンス（Bounce）というソールのふくらみをもたせロフト角を大きくしたもの。

ジェイジーエー (JGA)
公益財団法人日本ゴルフ協会（Japan Golf Association）の略。日本でのゴルフのルールをつかさどる総本山。「ゴルフ規則」などのルール書を発行している。日本オープンを主催。

ジェネラルエリア (General Area)
コースのすべてをカバーする（以下の4つのエリアを除く）エリア。①ティーイングエリア、②バンカー、③ペナルティエリア、④パッティンググリーン。（➡P16、57）

自然の力 (Natural Forces)
風や水、重力などの影響により発生する力。（➡P64、74）

シャフト (Shaft)
クラブの柄の部分。（➡P174〜175）

シャンク (Shank)
ショットのときクラブヘッドとシャフトの接合部分＝ホーゼルにボールが当たり、ボールが勢いよく右に飛び出すこと。

修理地 (Ground Under Repair)
コース内の修理中の区域のこと。通常、青杭または白線で囲んで表示する。表示がなくてもグリーンキーパーがつくった穴や、移動目的で一時的に置かれた物がある区域も修理地とみなす。（➡P18〜19、93〜94）

ショートカット
ドッグレッグのホールなどで、木の上などを越えて近道する戦略のこと。

ショートゲーム
フルスイングをしないグリーンまわりのアプローチや、ハーフスイングのショットのこと。

ショートホール
パー3のホールのこと。女子は193メートル未満で、男子は230メートル未満。英米では「パー3ホール」という。和製英語。

シングル
ハンディキャップが1～9までの1けたの人のこと。「シングルプレーヤー」ともいう。さらにハンディキャップが5以下の上級者は「5下」といわれる。

新ペリア式
プレーのあとにハンディキャップを算出する方法の一つ。あらかじめ任意の12のホールを、事前に発表しない「隠しホール」とし、そのホールの結果をもとにハンデを算出する。「ペリア式」は、「隠しホール」を6とするもの。

スイング (Swing)
ボールを打つためにクラブを振る動きのこと。一連のスイングの流れは、次の要素で構成される。《バックスイング→トップで切り返し→ダウンスイング→インパクト→フォロースルー→フィニッシュ》

スウィートスポット
クラブヘッドの重心点のこと。ボールがいちばんよく飛ぶ部分。「芯」ともいう。（➡ P175）

スウェイ (Sway)
スイングのときに腰の位置が左右に動いてしまうこと。

スクラッチ (Scratch)
ハンディキャップなしでプレーすること。また、ハンディキャップが0のプレーヤーを「スクラッチプレーヤー」ともいう。

スタイミー (Stymie)
ボールとホールを結ぶ直線上に木や山などの障害物があり、邪魔になっている状態をいう。本来は妨害球のこと。

スタンス (Stance)
ボールにストロークを行う際の足と体の位置。（➡ P64～66、116、118）

ストローク (Stroke)
ボールを打つ意思を持ってクラブを前方に動かすこと。から振りは、打つ意思があった場合はストローク。素振りがボールに当たった場合はストロークではない。（➡ P44～46、64、100、119）

ストロークプレー (Stroke Play)
決められたコースの総打数（グロススコア）や総打数からハンディキャップを引いた数（ネットスコア）で勝敗を決めるゲームのこと。最も少ないスコアの人が優勝となる。

スパイクマーク (Spike Mark)
靴を引きずって歩いてできたグリーン上の傷跡のこと。ボールマークなどとともにプレー前に修復することができる。（➡ P141）

スプーン (Spoon)
3番ウッドのこと。匙（さじ）の意味で、昔のウッドは中央がへこんでおり、ラフなどに沈んだボールをすくい上げるために使用された。

スライス (Slice Ball)
右利きの場合、ショットしたボールが途中から右に大きく曲がること。初心者に多い。バナナの形に軌道が似ているため、「バナナボール」とも呼ばれる。

スループレー
フロントナイン（アウト）をプレーしたあと、食事や休憩時間なしで続けてバックナイン（イン）をプレーすること。略して「スルーで回る」という使い方をする。海外ではこれがふつうのプレー方法。

ソール (Sole)
クラブヘッドの底の部分のこと。ボールを打つためにクラブを地面につける「ソ

ールする」は和製英語。正しくは「グラウンドする」という。

 タ

タイ（Tie）
同じスコアのこと。「2T」は2位タイのこと。

ダウンスイング
トップスイングからインパクトまでのスイングの動作のこと。

ダウンヒルライ（Downhill Lie）
左足下がりになるような下り傾斜のこと。主に海外で使われる言葉である。日本では「ダウンヒル」「ダウンスロープ」「左足下がり」などということが多い。

ダウンブロー
クラブヘッドがスイング軌道の最下点に到達する前にボールをとらえる打ち方。アイアンに適した打ち方である。反対語は「アップブロー」。

ダックフック（Duck Hook）
急角度に曲がるフックボールのこと。クラブフェースが極端にクローズドフェースになったときになりやすい。同じ意味で「チーピン」ともいう。反対語は「バナナボール」。

ダッファー（Duffer）
へたなゴルファー、初心者のこと。「ダフ＝Duff」は打ちそこねるの意味。

タップイン
ホール近くに止まったボールを、パターで軽くたたいてホールアウトさせること。

ターフ（Turf）
芝土や芝生のこと。ディボットと同じ意味で、切りとられた芝生のことをいう場合もある。その場合は「ターフをとる」という。

ダフる（Duff）
ボールの手前の地面をたたいてしまうミスショットのこと。反対にボールの上っつらをたたくのは「トップ」。

ダブルボギー（Double Bogey）
基準打数より2打多い打数のこと。18ホールすべてダブルボギーで回ると、スコアは108となる。俗に「ダボ」とも。

チップイン
和製英語。アプローチショットが直接カップに入ること。

チップショット
ウェッジやショートアイアンで転がすアプローチショットのこと。

長尺ドライバー
ドライバーのシャフトは通常44～45インチだが、それより長いドライバーのことをいう。ただしルールでは、長さは46インチ以内、体積は460cc以内と決められている。

長尺パター
2グリップのロングパター。パターの一部を体に接触させ、支点にして打つアンカリングは禁止。パターの使用はOK。

ティー（Tee）
ティーショットの際に使用される、ボールをのせる専用の台のこと。長さは4インチ＝101.6mm以内。

ティーアップ（Tee Up）
ホールの1打目でボールをティーにのせること。ティーイングエリアからの1打目のショットのみ許される。正しくは「ティーイング」という。（➡ P42～46）

ティーイングエリア（Teeing Area）
前方2個のティーマーカーと後方2クラブレングスの長方形のエリア。ここからそのホールの第1打を打つと、そのボールはインプレーとなる。（➡ P16、38）

ティーオフ (Tee Off)
ゴルフで第1打を打つこと。プレーを開始すること。ゴルフでは「スタートする」といわず「ティーオフする」という。

ティーショット (Tee Shot)
ティーイングエリアから打つ、そのホールの第1打のこと。

ディボット (Divot)
アイアンショットなどで削りとられた芝生のこと。地面から完全に切り離されていればルースインペディメントになるが、元に戻すのがマナー。削りとられた跡を「ディボット跡」という。

ティーマーカー (Tee Markers)
そこがティーイングエリアであるという目印になる表示物のこと。全員が最初のストロークをするまでは動かすことはできないが、第2打以降は動かせる障害物となる。(➡ P38)

ディンプル (Dimple)
ボールの表面に刻まれた小さなへこみのこと。ディンプルがあることによってボールが安定して高く飛ぶ。意味は「えくぼ」。

テンプラ
クラブヘッドの上に当たり、ボールが高く上がってしまうミスショットのこと。主にティーショットなどウッドクラブで打ち上げた場合にいうことが多い。「てんぷらを揚げる」からきたダジャレ。

トゥ (Toe)
クラブフェースの先端のこと。「つま先」の意味。反対語は「ヒール＝かかと」。(➡ P174 〜 175)

動物 (Animal)
人間以外のすべての動物＝生き物で、哺乳類、鳥類、は虫類、両生類、昆虫、ミミズなどを含む。

動物の穴 (Animal Holes)
動物が地面に掘った穴。穴から掘り出したものや盛り上がった地面、穴に通じるけもの道や痕跡のこと（ただし、昆虫やミミズの穴は除く）。(➡ P93、95)

ドッグレッグ (Dog-Leg)
フェアウェイが犬の後ろ足のように左右に大きく曲がっているホールのこと。

トップ (Top Ball)
ボールの頭をたたいてしまうミスショットのこと。

ドライバー (Driver)
1番ウッドのこと。最も距離を出したいときに使われる。救済エリアのサイズを測るときに使う。(➡ P89、174)

トリプルボギー (Triple Bogey)
基準打数より3打多いスコアでホールアウトすること。初心者はまずこのスコアを目標にするとよい。

ドロップ (Dropping)
持ったボールを離して地面に落とすこと。救済エリアでは、ヒザの高さからボールを落とさなければならない。(➡ P80 〜 95)

ドロップゾーン (Drop Zone)
目的外グリーンや異常なコース状態、ペナルティエリアなどで、通常の救済の選択肢では支障がある場合にドロップできる、（委員会やクラブが設定した）特別な救済エリア（ローカルルール）。

ドローボール (Draw Ball)
ボールが落下する際にゆるく左に曲がるショットのこと。反対語は「フェードボール＝和製英語」。

ナイスショット
当たりのいいショットに対する称賛の言

葉。本来はむずかしいショットを成功させたときに使う和製英語で、海外では「グッドショット」という。

ニヤピン
ショートホールで第1打がどれだけピンに近いかを競う競技。「ニヤ・（トゥ）ザ・ピン」の略語。日本ではグリーンにのっていなければいけない、という条件がある。

ニヤレストポイント
(Nearest Point of Relief)
規則に基づいてボールを拾い上げ、ドロップやプレースを行うときに、その基点となる地点。そこから1〜2クラブレングスの救済エリアを測る。（➡ P80 〜 82、84、86 〜 97、131、159）

ネット (Net)
18ホールの総打数（グロス）のスコアからハンディキャップを引いたスコア。ネット＝純数、グロス＝総数。

ネバーアップ、ネバーイン
「カップまで届かないボールはカップに入らない」というゴルフの格言。

ノータッチ
インプレー中、ボールにさわらず「あるがままの状態でプレーする」ことの和製英語。正しくは「Play as it lies」という。

ハ

パー (Par)
ホールの基準打数。ラテン語で「等しいもの」という意味。基準打数はホールの距離などによって、パー3ホール、パー4ホール、パー5ホールと決められる。

パーオン
和製英語。そのホールの基準打数より2打少ないスコアでグリーンにのせること。

パス (Pass)
後続の組を先に行かせること。前の組との間隔が1ホール以上あいて後続組を待たせるときは後の組をパスさせよう。

バックスイング
クラブを後ろに引き上げる動きのこと。（➡ P46、115）

バックスピン (Back Spin)
ボールが飛ぶ方向と逆に回転すること。グリーンに落ちたボールを止めるときなどに使う。

パット (Putt)
グリーン上でパターでボールを転がして打つこと。パターによる打数の単位のことをさす場合もある。「ドライバーも一打、パットも一打」は一打の大切さをいう。

バッフィー (Baffy)
4番ウッドのこと。スコットランド語の「たたく」という意味の「Baff」が語源。

バーディー (Birdie)
基準打数より1打少ないスコアでカップインすること。たとえばパー4のホールでは3打でカップインした場合をいう。

ハーフ (Half)
18ホールのうち、インまたはアウトの9ホールのこと。マッチプレーの引き分けのことをさす場合もある。

バンカー (Bunker)
コースエリアのひとつで、砂を入れてつくったくぼ地のこと。（➡ P17、109）

バンカーショット
和製英語。ボールをバンカーから打つショットのこと。砂とボールをいっしょに打ち出す。英国ではエクスプロージョン（爆発）ショットともいう。

ハンディキャップ (Handicap)
技量の異なるプレーヤー同士が公平にプ

レーするための基準ポイント。通称ハン
デ。

ハンドファースト

スタンスをとったとき、グリップが、ボールよりも前（目標方向）に出た構え方。

ビギナー (Beginner)

初心者のこと。次の段階を「アベレージゴルファー」というが初心者との境目は定かでない。

ビジター (Visitor)

会員制のコースで、会員の紹介などでプレーする会員以外の人のこと。「ゲスト」ともいう。(➡ P28)

ひっかける (Pull Shot)

ミスショットで目標よりも左にボールが打ち出されてしまうこと。「プル」ともいう。

ピッチエンドラン

ボールをある程度打ち上げ、グリーンに落ちてから転がしピンに寄せるショット。

ピッチマーク (Pitch Mark)

グリーンやフェアウェイにボールが落下してできるへこみのこと。同じ意味で「ボールマーク」ともいう。(➡ P98)

ピン (Flagstick)

グリーン上のホールに立てられた旗竿のこと。風の強い英国のコースでは短いピンが多い。

フェアウェイ (Fairway)

ティーイングエリアとグリーンの間で芝生が短く刈りとられた部分。フェアウェイ沿いにプレーを進めるのが望ましい。

フェアウェイバンカー (Fairway Bunker)

フェアウェイにあるバンカー。クロスバンカーは和製英語で外国では通じない。グリーンを囲むようにあるバンカーをグリーンサイドバンカーという。

フェードボール (Fade Ball)

和製英語。ボールが落下する際にゆるく右に曲がるショットのこと。「フェード」とは「衰退する、花がしぼむ」などの意味。反対語は「ドローボール」。

フォアー (Fore)

打球事故を防ぐため、前方のプレーヤーに注意を呼びかける伝統的なかけ声。「Fore」とは、「前方の、前面の」という意味。「フォアー」と発音する。

フォローウインド

順風、追い風のことをいう和製英語。英語では「Tail Wind」が使われる。反対語は「ヘッドウインド」。

フォロースルー

インパクトのあと、フィニッシュまでの動作のことをいう。(➡ P46)

フック (Hook)

ショットしたボールの軌道が、途中で左に大きく曲がっていくものをいう。反対語はスライス。

プッシュアウト (Push Out)

ボールがまっすぐ右に押し出されるようなショットをいう。

ブラインドホール

ティーイングエリアから、グリーンやコースの先が見通せないホールのこと。和製英語。

フルセット (Full Set)

ドライバーからパターまで、いろいろ組み合わせられた14本のクラブのセットのこと。ルールでは、キャディーバッグに入れられるクラブは14本以内となっている。(➡ P47)

プレース (Place)

規則にしたがってボールを置くこと。ボールを元の位置に置く場合は、リプレースという。(➡ P71)

プレーの線 (Line of Play)
プレーヤーが打ったボールにとらせたい（地面や空中の）線。2点を結ぶ直線または曲線で、両側に若干の幅をもつ。（➡ P141)

紛失球 (Lost Ball)
ボールがなくなること。ボールがラフや林に入って3分以内に見つからないとき、ボールが自分のものと識別できないときは「紛失球」となる。（➡ P58 ～ 60、105 ～ 107)

ベアグラウンド (Bare Ground)
芝などの生えていない裸地のこと。ベア = Bare は、英語で「裸の」「露出する」などの意。

ヘッド (Head)
クラブヘッドをいう。ゴルフクラブの先端の、ボールと当たる部分。

ヘッドアップ
インパクトのときに頭が上がって、目がボールをとらえていない状態の和製英語。海外では「ルックアップ」といい、ミスショットの原因となる。

ヘッドスピード (Head Speed)
インパクト（ボールを打つ瞬間）直前のクラブヘッドの速度。ヘッドスピードが速いほうが、飛距離が出る。

ペナルティ (Penalty)
規則に反したときに与えられる「罰打」のこと。「ワンペナ、ツーペナ」などと略して使うことも。

ペナルティエリア (Penalty Areas)
プレーヤーのボールがそこに入ると、1罰打で救済されるエリア。池や川や海などの水場のほか、砂漠、ジャングル、溶岩地、崖やブッシュなどの区域が含まれる。黄色や赤色の杭や線で表示される。（➡ P16、18 ～ 19、127)

ベントグリーン (Bent Green)
ベント芝が張られている一般的なグリーン。ベント芝は多くの品種があるが、いずれも冬にも発育して緑を保つ。

ボギー (Bogey)
パーよりも1打多い打数でそのホールを終えること。

ポットバンカー (Pot Bunker)
イングランドやスコットランドのコースによく見られる、小さく深いバンカー。

ホール (Hole)
グリーンにあけられた穴のこと。直径108mm、深さは約101mm。ボールの一部がホールの縁より下に入ったとき、「ホールに入った」という。または、ティーエリアからグリーンまでのことをいい、「○番ホール」というように使われる。（➡ P19、152、157)

ボール (Ball)
ゴルフボールの規格は、直径 4.26cmより大きく、45.93g より軽い。

ホールアウト (Hole Out)
ホールにボールを入れそのホールを終了すること。18 ホールが終わったときも使われる。（➡ P153、157、160)

ボールマーク (Ball Mark)
ボールがグリーンに落ちたとき、グリーンにできるへこみや傷跡のこと。ボールマークはいつでも直すことができる。

マーカー (Marker)
ストロークプレーで、プレーヤーのスコアを記録する者。一般には同組の仲間がマーカーになり、同組プレーヤーのスコアをスコアカードに記入・証明する。（➡ P33 ～ 35、160)

マークする
グリーン上など、ボールを拾い上げる必要があるときに、ボールのあった場所に目印を置くこと。コインなど、目印に使うものを「ボールマーカー」という。（➡ P68～71、89、144～145、148）

マスターズ
ゴルフトーナメント
世界の4大メジャー大会の一つで、球聖ボビー・ジョーンズ（1902～1971）が創設したアメリカ・ジョージア州のオーガスタ・ナショナル・ゴルフクラブを会場として開かれる。毎年4月第2週の週末、前年度の各大会の賞金ランキング上位者やメジャータイトル優勝者などが集うゴルフの祭典。

マッチプレー（Match Play）
各ホールごとに勝負を決める競技方式のこと。シングル／1対1で競う。スリーサム／1対2で競う。両サイド各1つのボールを使う。フォアサム／2対2で競う。両サイド各1つのボールを使う。スリーボール／3人が互いに対抗し、それぞれ自分のボールを使う。ベストボール／1対2のうちのよいほうのスコア（または3人のうちの最もよいスコア）で競う。フォアボール／2人のうちのよいほうのスコアと、別の2人のうちのよいほうのスコアで競う。

マン振り
力いっぱい全力でクラブを振ること。

ミドルホール
基準打数（パー）が4のホールのこと。和製英語。男子は230～430メートル。女子の場合は、193～366メートルのホール。海外では「パー4ホール」という。

目玉（Fried Egg）
バンカーに落下したボールが半分砂に埋まり、ちょうど目玉焼きのように見えること。

ヤーデージ（Yardage）
ヤード＝Yardの単位で表したコースやホールなどの距離のこと。ゴルフでは、距離の単位として、ヤードが一般的に使われる。1ヤードは、約0.914メートル。日本ではパッティングの距離はメートルで表す。

ヤーデージ杭（Yardage Marker）
グリーンまでの距離の目安になる杭や樹木のこと。ヤード杭。通常100ヤード、150ヤード、200ヤードという単位で設置される。

ユーエスジーエー（USGA）
全米ゴルフ協会のこと。英国のR&Aとともにゴルフルールをつかさどっている。GAはGolf Associationの頭文字。

用具
プレーヤーやキャディーが使う物。身につけたり、手にしたりして運んでいる物。（➡ P54～56）

ライ（Lie）
ボールが止まっている地点周辺の芝や地形の状況・状態のこと。ボールが打ちやすいときは、「いいライ」というような使い方をされる。

ラテラル救済
ボールが横切った地点から2クラブレングス以内にドロップできる救済。（➡ P97、129）

ラフ（Rough）
ジェネラルエリアでフェアウェイ以外の芝が長く伸びたエリア。

ラン（Run）
ボールが着地して転がること。転がって距離が伸びたとき「ランが出た」という。

ランニングアプローチ
ボールを転がしてピンそばまで運ぶアプローチの技術。一般的には、芝の短いところはパター。それ以外では、ミドルアイアン（5〜7番）を使う。

リプレース (Replace)
ボールを元の位置に置くこと。（➡ P65 〜71、91、142 〜 143）

林間コース
ホールとホールの間が林で区切られたコース。平地で、伝統のあるコースに多い。

リンクスコース (Links)
一般に、海岸に近く、草原状のコースをいう。自然の地形をそのまま生かしたゴルフ本来のコースといえる。イングランドやスコットランドに多い。フェアウェイにマウンドやポットバンカーが点在する。風や雨、気温など自然の影響を受けやすいコース。セントアンドルーズ・オールドコース、ミュアフィールド（スコットランド）、ロイヤルリバプール（イングランド）、川奈ホテルなどが有名。

ルースインペディメント
(Loose Impediments)
コース内にある小枝、小石、落ち葉、虫などの自然物のうち、地面に固定されていないものをいう。（➡ P67、76 〜 77、110 〜 111、115、143）

レギュラーティー (Regular Tee)
白ティー。一般男性用のティーイングエリアのこと。18 ホールのトータル距離がおよそ 6000 ヤードくらいの設定。レディースティーはおよそ 5400 ヤードほどの設定になっている。（➡ P18、34 〜 35）

レッドペナルティエリア
(Red Penalty Area)
赤い杭や線で表示され、ボールが横切った地点から 2 クラブレングスの救済が受けられるエリア。（➡ P16 〜 17、79、129、131 〜 135）

レディゴルフ (Ready Golf)
安全が確保できるなら、時間節約のため、プレーの順番を変えて準備のできた

ドライバー用語解説

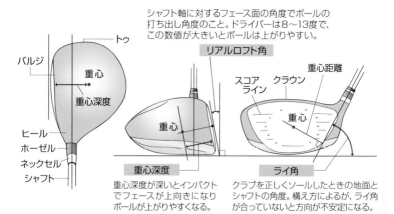

シャフト軸に対するフェース面の角度でボールの打ち出し角度のこと。ドライバーは8〜13度で、この数値が大きいとボールは上がりやすい。

トゥ
バルジ
重心
重心深度
ヒール
ホーゼル
ネックセル
シャフト

リアルロフト角

重心深度
重心深度が深いとインパクトでフェースが上向きになりボールが上がりやすくなる。

スコアライン　クラウン　重心距離
重心

ライ角
クラブを正しくソールしたときの地面とシャフトの角度。構え方によるが、ライ角が合っていないと方向が不安定になる。

人からプレーすることが推奨されるようになった。（➡ P24）

ローカルルール（Local Rules）
本規則とは別に、ゴルフ場やコースごとに決められているルールのこと。ローカルルールは本規則に優先する。

6インチプレース
芝の養生やコース整備のため、あるいはプライベートなコンペで、ボールを6インチ（約15㎝）動かすことを認める、コースが決めたローカルルール。

ロストボール（Lost Ball）
紛失球の項を参照。中古のボールという意味で使われることもある。

ロフト角（Loft）
クラブフェースの傾きの角度のこと。シャフトを垂直に立てたとき、クラブヘッドの打球面（クラブフェース）が垂直に対して傾いている度合い。角度が大きいほど打球は高く上がり、角度が小さいほど弾道は低くなる。

ロングホール
基準打数（パー）が5のホールのことをいう。和製英語。男子の場合は431メートル以上のホール。女子の場合は、367〜526メートルのホール。海外では「パー5ホール」という。

##

ワッグル（Waggle）
クラブを構えてから、バックスイングに入るまでの間に行う準備動作のこと。クラブヘッドを小刻みに動かして、いいショットが打てるようなリズムやイメージをつくる動作。（➡ P43）

協力／ゴルフ＠スポーツ

アイアン用語解説

| ロフト角 | シャフト軸に対するフェース面の角度。ロフト角が大きいほどボールは高く打ち出される。サンドウェッジは56〜58度。 |

重心深度
重心
ソール

フェースの長さ
トゥ　クラウン　トップライン
ネックセル
シャフト

フェースの高さ

重心

重心高

ネック
ホーゼル
ポケット
ライ角
ヒール

フェース
スコアライン　重心距離

スウィートスポットの高さ
スウィートスポットが下にあるほどボールが上がりやすい。

175

【著者】

小山 混 (こやま こん)

イラストレーター、ゴルフルール研究家。東京生まれ。立教大学卒。趣味は水泳、釣り、陶芸。ほのぼのとしたマンガタッチのイラストが得意で、「スポーツ報知」「健康」などの新聞・雑誌にイラストを寄稿。Webのポータルサイト「GDO／ゴルフダイジェスト・オンライン」では「カン違いだらけのゴルフルール」を解説。著書に『最新版よくわかるゴルフルール』『最新版いちばんたのしいレクリエーションゲーム』『脳イキイキ！ 手あそび指あそび』（以上、主婦の友社）、『英語とゴルフ一石二鳥』（ゴルフダイジェスト社）がある。

ホームページ　小山混のイラストゴルフ塾
http://www.ne.jp/asahi/com/koyama/

参考文献　　（公財）日本ゴルフ協会「ゴルフ規則」「ゴルフ規則のオフィシャルガイド」（2023年1月施行）
　　　　　　R&A・USGA「Rules of Golf ／ Effective January 2023」
　　　　　　「月刊ゴルフダイジェスト」「週刊ゴルフダイジェスト」ゴルフダイジェスト社
　　　　　　「スポーツ報知」報知新聞社
　　　　　　夏坂 健著『ゴルフの達人』日本経済新聞社

はじめてのゴルフルール

2023 年 7 月 20 日　第 1 刷発行
2024 年 12 月 31 日　第 3 刷発行

著　者　小山 混
発行者　大宮敏靖
発行所　株式会社主婦の友社
　　　　〒 141-0021　東京都品川区上大崎 3-1-1　目黒セントラルスクエア
　　　　電話 03-5280-7537(内容・不良品等のお問い合わせ)　049-259-1236(販売)
印刷所　大日本印刷株式会社

■ゴルフルールについてのお問い合わせは受け付けておりません。
■本のご注文は、お近くの書店または主婦の友社コールセンター（電話 0120-916-892）まで。
＊お問い合わせ受付時間　月〜金（祝日を除く）10:00 〜 16:00
＊個人のお客さまからのよくある質問のご案内　https://shufunotomo.co.jp/faq/